NORTH-EAST SONG AND STORY

Other books of interest from Scottish Cultural Press

Scottish Contemporary Poets Series
(for further details of this series please contact the publishers)

Gerry Cambridge, *The Shell House*; 1 898218 34 X
Jenni Daiches, *Mediterranean*; 1 898218 35 8
Valerie Gillies, *The Ringing Rock*; 1 898218 36 6
Kenneth Steven, *The Missing Days*; 1 898218 37 4
Brian Johnstone, *The Lizard Silence*; 1 898218 54 4
Siùsaidh NicNèill, *All My Braided Colours*; 1 898218 55 2
Ken Morrice, *Talking of Michelangelo*; 1 898218 56 0
Tom Bryan, *North East Passage*; 1 898218 57 9
Maureen Sangster, *Out of the Urn*; 1 898218 65 X
Anne MacLeod, *Standing by Thistles*; 1 898218 66 8
Walter Perrie, *From Milady's Wood*; 1 898218 67 6
William Hershaw, *The Cowdenbeath Man*; 1 898218 68 4
❦

John Buchan's Collected Poems,
Andrew Lownie & W G Milne (eds); 1 898218 47 1

News of the World: Last Poems, Maurice Lindsay; 1 898218 32 3

Canty and Couthie: familiar and forgotten traditional Scots poems,
Anne Forsyth (ed); 1 898218 04 8

The Ice Horses: The Second Shore Poets Anthology,
Stewart Conn and Ian McDonough (eds.); 1 898218 85 4

From a Gael with no Heartland,
Alan McLeod; 1 898218 62 5

Robert Burns: a Man for All Seasons,
compiled by John Young; 1 898218 60 9

NORTH-EAST SONG AND STORY

Edited and with an introduction by

WILLIAM MORRICE WILSON

Published in 1996 by Scottish Cultural Press
Unit 14, Leith Walk Business Centre, 130 Leith Walk, Edinburgh EH6 5DT
Tel: 0131 555 5950 ~ Fax: 0131 555 5018

British Library Cataloguing in Publication Data
A catalogue record for this book is available from the British Library

ISBN: 1 898218 81 1

Printed and bound by
Redwood Books, Trowbridge, Wiltshire

The publisher acknowledges with thanks
the support received from the
Charles Murray Memorial Fund
towards the publication of this volume.

Editor's Acknowledgement

My most grateful thanks to the staff of the
City of Aberdeen Central Library
and in particular to
Miss C Taylor
for their assistance with the research
for this book.

For my sister
Annie

Publisher's note:

Because of the age of some of the songs included in this volume, several different tunes are probably recognised as being applicable and 'correct'. We have thus felt it inappropriate to print any one particular melody. For those people interested in the selection of tunes that might be used, we draw their attention to *The Greig-Duncan Folk Song Collection*, Volumes 1-8 (Mercat Press, 1983*ff*); and *The Scots Musical Museum*, Volumes 1-6, edited by J Johnson (1787-1803).

CONTENTS

Sketches

William Alexander
(Adapted from Johnny Gibb of Gushetneuk)

INTRODUCTION

This collection of songs and narrative verse of the North East of Scotland has been inspired by, and is to some extent based on, an Address given on the Doric Nicht of the London Aberdeen, Banff and Kincardine Association, in April, 1939, by Mr. William Will, the Vice-President.

Having spent most of his working life in London he, like many another Scottish exile, retained an enthusiastic interest in the language and culture of his country of birth, and in particular in that of his native area.

He suggested that an evening's entertainment for a meeting of the Association could well be confined to the works of poets and song-writers who were born in, or had been closely associated with the three counties. He felt that their contribution to the literature of our native land was not always realised and appreciated at its true worth. He went on to outline the sort of programme he had in mind, and he illustrated his Address with numerous quotations.

With the outbreak of war some six months later it is most unlikely that his suggestion was ever put into effect. Since then, with the development of radio and television, ideas of entertainment have changed out of all recognition. There may, however, still be a place for a concert of songs, recitations and sketches, interspersed with music, fiddle music by the great Scott Skinner for preference, which gave so much pleasure to those who lived before the advent of these modern forms of communication.

I take the view that Mr. Will's ideas are as relevant today as they were then. In this anthology his suggested programme has, in essence, been followed, in that songs are mixed with recitations to provide variety. Prefaced by John Barbour's stirring invocation to Freedom, it consists mainly of verse of the eighteenth, nineteenth and early twentieth centuries. Two short scenes from William Alexander's classic "Johnny Gibb o' Gushetneuk," which I have adapted as sketches, are included.

xi

Mr. Will did not neglect the work of more modern writers. He suggested the inclusion, at various points in the programme, of one or more of the poems of Dr. Charles Murray, one of the greatest of our Scots poets. "Gin I was God," written soon after the end of the 1914-1918 war must find a place, and there are plenty of other favourites such as "The Whistle" and "It wasna his wyte." Then there are poems from the pens of other writers:- Mary Symon's "The Soldier's Cairn," so full of pathos, and her "King o' the Cabrach"; Marion Angus's mystical "Joan the Maid"; George Riddell's "The Tarrin' o' the Yoll"; R.J.Maclennan's "Jess o' the Mains"; Barbara Ross McIntosh's "The Buchan Lass"; J. M. Caie's "The Tinks" and "The Puddock." He suggested other authors from whose work a choice could be made:- J. Pittendreich Macgillivray, a poet as well as a great sculptor; Margaret Winifrede Simpson; David Rorie, born in Edinburgh, but of Deeside parentage.

Had Mr. Will been giving his Address fifty or sixty years later he would have had many more writers from whose work he could have made a choice.

The work of these more modern writers does not figure in this collection, nor do any of the bothy ballads, to which he also made reference, since they are readily accessible elsewhere.

As the title of this anthology suggests, it is a collection, not only of songs, but also of mainly narrative verse of the North East of Scotland. While it was inspired by the Address given all those years ago by Mr. Will, it is not confined to the items he suggested as suitable for inclusion in his proposed programme. The work of a number of other writers is also represented, and in particular some additional longer compositions find a place. These include John Burness's "Thrummy Cap", long popular in the North East; George Beattie's "John o' Arnha',"; and one of John Skinner's longer poems. A few of the old Scots ballads relating to the area are also included. It is a representative selection from a large body of compositions by North East writers. Many of the items are in the local dialect, and the spelling given in the texts consulted has been retained. To read some of them with ease requires a little practice.

xii

There are those who might claim that much of what appears in this volume is not 'poetry,' and certainly it is not the obscure intellectual and symbolic poetry so highly regarded in some quarters today, and so little comprehended by the majority of people. This older verse was written to be understood by, and to appeal to, the many who would read it, and the many more who would listen to it being read or recited at a time when modern forms of entertainment did not exist. It might well be that, if it were more widely known today, and perhaps broadcast on radio programmes, it would still command an appreciative audience. Perhaps it is not too late to give effect to Mr. Will's ideas, and even on a larger scale than he envisaged.

A few of the items in this collection have been included in other anthologies, but most of them are not easily accessible. I am not aware that Alexander Taylor's "Lummie" has been printed in full since it first appeared in four issues of the *Aberdeen Herald* in April and May, 1857. David Grant's ballads, first published in his Lays and Legends of the North in 1884, have been reprinted, but copies are extremely scarce. Others have been out of print for many years. The work of many of the writers is virtually unknown nowadays. Our area is particularly rich in minor poets, and it would be a great misfortune if the contribution they have made to the literature and culture of Scotland in general, and the North East in particular, were to be entirely forgotten.

The Biographical Notes give brief details of the lives of the writers and some information on their published work.

The Glossary gives, in concise form, the English equivalents of all the Scots words as they are used in the texts. Many of the words do, of course, have other meanings in other contexts. Since they each contain a considerable number of words which do not occur in other parts of the anthology, separate glossaries are provided for:
The Monymusk Christmas Ba'ing;
Baronne o' Gairtly; and the extracts from
Johnny Gibb of Gushetneuk.

WILLIAM WILL was born on 1 October, 1866 at Huntly. On leaving the Gordon Schools he became a compositor with the *Huntly Express* and from there he went on, via the *Aberdeen Journal* to be a sub-editor of the *Evening Express.* In 1901 he was in London as news editor of the *St. James's Gazette.* After some time as editor of *Sporting Life* he rose to become managing director of the *Graphic* publications and later a director and London manager of Allied Northern Newspapers Ltd., a group which owned the *Aberdeen Press and Journal* as well as many other newspapers. In 1926 he became a director of the Press Association and later of Reuters. He retired in 1938, but was almost immediately appointed chairman of the Newspaper and Periodicals Emergency Committee, a body set up to liase between the Press and the government during the war. For his services he was appointed a C.B.E. in 1945. He died in Dundee on 4th February, 1958.

He had an abiding interest in Scottish language, literature and culture. A lifelong enthusiast for the works of Burns, he was elected for three years in succession President of the Robert Burns Club of London. He was instrumental in establishing the Vernacular Circle of the Club and served as its Honorary Secretary for many years, during which he made strenuous efforts to encourage an interest in and use of the vernacular. He had an enduring enthusiasm for the dialect of his native North East, and was much involved with the social and cultural activities of the London Aberdeen, Banff and Kincardine Association, of which he was a Vice-President. For many years he was an honorary historian of the Caledonian Society of London and he also served as a Life Managing Governor of the Royal Scottish Corporation, the great Scots charity organisation in London, and as a Life Director of the Royal Caledonian Schools.

FREEDOM

John Barbour
1316?-1395

A! Fredome is a nobill thing!
Fredome mayse man to haiff liking;
Fredome all solace to man giffis:
He levys at ese that frely levys!
A noble hart may haiff nane ese,
Na ellys nocht that may him plese,
Gyff fredome failyhe; for fre liking
Is yharnyt our all othir thing.
Na he, that ay has levyt fre,
May nocht knaw weill the propyrte,
The angyr, na the wrechyt dome,
That is couplyt to foule thyrldome.
Bot gyff he had assayit it,
Than all perquer he suld it wyt;
And suld think fredome mar to prys
Than all the gold in warld that is.

which may be rendered:-

Ah! Freedom is a noble thing!
Freedom to man a choice can bring;
Freedom all solace to man gives;
He lives at ease that freely lives!
A noble heart may have no ease,
And nothing else that may him please
If freedom fails; for 'tis free choice
More than all else that man enjoys.
And he that always has lived free
Knows nothing of the misery,
The grief, the wretched drudgery,
That is the mark of slavery.
But if he had experienced it,
He very roundly would condemn it;
And would think freedom more to prize
Than all the worldly wealth there is.

1

1   THE EWIE WI' THE CROOKIT HORN

John Skinner
1721-1807

Were I but able to rehearse
My Ewie's praise in proper verse,
I'd sound it forth as loud and fierce
    As ever piper's drone could blaw;
The Ewie wi' the crookit horn,
Wha had kent her might hae sworn
Sic a Ewe was never born,
    Hereabout nor far awa.

I never needed tar nor keil
To mark her upo' hip or heel,
Her crookit horn did as weel
    To ken her by amo' them a';
She never threaten'd scab nor rot,
But keepit aye her ain jog-trot,
Baith to the fauld and to the cot,
    Was never sweir to lead nor ca'.

Cauld nor hunger never dang her,
Wind nor wet could ever wrang her,
Anes she lay an ouk or langer
    Furth aneth a wreath o' snaw;
Whan ither Ewies lap the dyke,
And eat the kail for a' the tyke,
My Ewie never played the like,
    But tyc'd about the barn wa'.

A better or a thriftier beast,
Nae honest man could weel hae wist,
For silly thing she never mist
    To hae ilk year a lamb or twa;
The first I had I gae to Jock,
To be to him a kind o' stock.
And now the laddie has a flock
    O' mair nor thirty head ava.

I lookit aye at even for her,
Lest mishanter shou'd come o'er her,

Or the foumart might devour her,
    Gin the beastie bade awa;
My Ewie wi' the crookit horn,
Well deserved baith girse and corn,
Sic a Ewe was never born,
    Hereabout nor far awa.

Yet last ouk, for a' my keeping,
(Wha can speak it without greeting?)
A villain cam when I was sleeping,
    Sta' my Ewie, horn and a':
I sought her sair upo' the morn,
And down aneath a buss o' thorn
I got my Ewie's crookit horn,
    But my Ewie was awa.

O! gin I had the loun that did it,
Sworn I have as well as said it,
Tho' a' the warld should forbid it,
    I wad gie his neck a thra':
I never met wi' sic a turn,
As this sin ever I was born,
My Ewie wi' the crookit horn,
    Silly Ewie stown awa.

O! had she died o' crook or cauld,
As Ewie's do when they grow auld,
It wad na been, by mony fauld,
    Sae sair a heart to nane o's a':
For a' the claith that we hae worn,
Frae her and hers sae aften shorn,
The loss o' her we cou'd hae borne
    Had fair strae-death ta'en her awa.

But thus, poor thing, to lose her life,
Aneath a bleedy villain's knife,
I'm really fley't that our guidwife
    Will never win aboon't ava:
O! a' ye bards benorth Kinghorn,
Call your muses up and mourn,
Our Ewie wi' the crookit horn,
    Stown frae's, and fellt and a'!

TULLOCHGORUM

John Skinner
1721-1807

Come gie's a sang, Montgomery cry'd,
And lay your disputes all aside,
What signifies't for folks to chide
    For what's been done before them?
Let Whig and Tory all agree,
   Whig and Tory, Whig and Tory,
   Whig and Tory all agree,
    To drop their Whigmegmorum.
Let Whig and Tory all agree
To spend this night with mirth and glee,
And cheerfu' sing alang wi' me
    The Reel o' Tullochgorum.

O Tullochgorum's my delight;
It gars us a' in ane unite,
And ony sumph that keeps up spite,
    In conscience I abhor him.
For blythe and cheerie we's be a',
   Blythe and cheerie, blythe and cheerie,
   Blythe and cheerie we's be a'
    And make a happy quorum,
For blythe and cheerie we's be a'
As lang as we hae breath to draw,
And dance till we be like to fa'
    The Reel o' Tullochgorum.

What needs there be sae great a fraise
Wi' dringing dull Italian lays,
I wadna gie our ain Strathspeys
    For half a hunder score o' them:
They're dowf and dowie at the best,
   Dowf and dowie, dowf and dowie,
   Dowf and dowie at the best,
    Wi' a' their variorum;
They're dowf and dowie at the best,
Their *allegros* and a' the rest,
They canna please a Scottish taste
    Compar'd wi' Tullochgorum.

Let warldly worms their minds oppress
Wi' fears o' want and double cess,
And sullen sots themsells distress
      Wi' keepin' up decorum:
Shall we sae sour and sulky sit,
    Sour and sulky, sour and sulky,
    Sour and sulky shall we sit
      Like old Philosophorum!
Shall we sae sour and sulky sit,
Wi' neither sense, nor mirth, nor wit,
Nor ever try to shak a fit
      To th'Reel o' Tullochgorum.

May choicest blessings ay attend
Each honest open-hearted friend,
And calm and quiet be his end,
      And a' that's good watch o'er him;
May peace and plenty be his lot,
    Peace and plenty, peace and plenty,
    Peace and plenty be his lot,
      And dainties a great store o' them;
May peace and plenty be his lot,
Unstain'd by any vicious spot,
And may he never want a groat,
      That's fond o' Tullochgorum.

But for the sullen frumpish fool,
That loves to be oppression's tool,
May envy gnaw his rotten soul,
      And discontent devour him;
May dool and sorrow be his chance,
    Dool and sorrow, dool and sorrow,
    Dool and sorrow be his chance,
      And nane say, wae's me for him!
May dool and sorrow be his chance,
Wi' a' the ills that come frae France,
Wha e'er he be that winna dance
      The Reel o' Tullochgorum.

3.1 FAR GADIE RINS

Traditional

O! gin I war far Gadie rins,
Far Gadie rins, far Gadie rins,
O! gin I war far Gadie rins,
 At the back o' Benachie.
I never wad seek back again,
Seek back again, seek back again,
I never wad seek back again,
 The Buchan lads to see.

I never hid bit twa richt lads,
Bit twa richt lads, bit twa richt lads,
I never hid bit twa richt lads,
 An it's dearly they lo'ed me.
The tane wis kill't in Lowran Fair,
In Lowran Fair, in Lowran Fair,
The tane wis kill't in Lowran Fair,
 An the tither wis droon't in Dee.

O! hid he gotten man for man,
Man for man, man for man,
O! hid he gotten man for man,
 Or yet a man for three,
He wadna lie sae low the day,
Sae low the day, sae low the day,
He wadna lie sae low the day,
 At the fit o' yon arn tree.

They crooded in sae thick on him,
Sae thick on him, sae thick on him
They crooded in sae thick on him,
 He cudna fecht nor flee.
O! wasna that a dowie day,
A dowie day, a dowie day,
O! wasna that a dowie day,
 A dowie day for me.

The Dee wis flowin fae bank tae bank,
Fae bank tae bank, fae bank tae bank,
The Dee wis flowin fae bank tae bank,
    Fin my love dreed his dree.
O! wisna that twa dowie days,
Twa dowie days, twa dowie days,
O! wisna that twa dowie days,
    Twa dowie days for me.

Instead o' buyin my bonnie things,
My bonnie things, my bonnie things,
Instead o' buyin my bonnie things,
    I bocht linen tae bury them wi'.
It's twice that I hae been a bride,
Hae been a bride, hae been a bride,
It's twice that I hae been a bride,
    Bit a wife I'll never be.

O! micht I dee far Gadie rins,
Far Gadie rins, far Gadie rins,
O! micht I dee far Gadie rins,
    At the back o' Benachie.

Note: There are several variants of this traditional song.

3.2 O! GIN I WERE WHERE GADIE RINS

John Imlah
1799-1846

O! gin I were where Gadie rins,
Where Gadie rins -- where Gadie rins,
O! gin I were where Gadie rins,
By the foot o' Bennachie!

I've roam'd by Tweed -- I've roam'd by Tay,
By border Nith and highland Spey,
But dearer far to me than they,
The braes o' Bennachie.

When blade and blossoms sprout in spring,
And bid the birdies wag the wing,
They blithely bob, and soar, and sing,
By the foot o' Bennachie.

When simmer cleeds the varied scene,
Wi' licht o' gowd and leaves o' green,
I fain wad be where aft I've been,
At the foot o' Bennachie.

When autumn's yellow sheaf is shorn,
And barn-yards stored wi' stooks o' corn,
'Tis blithe to toom the clyack horn,
At the foot o' Bennachie!

When winter winds blaw sharp and shrill,
O'er icy burn and sheeted hill,
The ingle neuk is gleesome still,
At the foot o' Bennachie.

Though few to welcome me remain,
Though a' I loved be dead and gane,
I'll back, though I should live alane,
To the foot o' Bennachie.

O! gin I were etc.

3.3 O! GIN I WERE WHARE GADIE ROWES

John Imlah
1799-1846

O! gin I were whare Gadie rowes
Thro' rashie haughs and whinnie howes:
O! gin I were whare Gadie rowes,
    By the fit o' Bennochie!

Whare partial nature loves to strew
The wildest flow'rs o' fairest hue
That sip the siller draps o' dew,
    By the fit o' Bennochie.

Whare wing the blithest o' the brood,
That charm the welkin an' the wood,
To lilt their notes in merriest mood,
    By the fit o' Bennochie.

When Gadie glances back the beam
O' morning's shine -- their smilings seem
On meeting lover's looks to gleam,
    By the fit o' Bennochie.

There smiled the morning o' my life
But syne I've been my Willie's wife
My day has dreed war's stormy strife,
    Far, far frae Bennochie.

Tho' kith an' kin hae closed on me
Their doors an' hearts that I should be
A sodger's wife -- still lat me see
    The fit o' Bennochie.

Then soon -- oh! soon may bludeshed cease,
An' faes meet friens to part in peace!
Then bliss will wi' our years increase,
    By the fit o' Bennochie.

      O! gin I were, etc.

9

3.4 O! GIN I WERE WHERE GADIE RINS

Dr. John Park
1804-1865

O! gin I were where Gadie rins,
Where Gadie rins, where Gadie rins,
O! gin I were where Gadie rins,
    At the back o' Benachie.

Ance mair to hear the wild birds sing,
To wander birks and braes amang,
'Midst friends and fav'rites left sae lang.
    At the back o' Benachie.

O! mony a day in blythe springtime,
O! mony a day in simmer's prime,
I've, wandering, wiled awa' the time,
    At the back o' Benachie.

O! gin I were where Gadie rins,
'Mang fragrant heath and yellow whins,
Or brawling down the bosky linns,
    At the back o' Benachie.

O! there wi' Jean on ilka nicht,
When baith our hearts were young and licht,
We've wandered in the cool moonlicht,
    At the back o' Benachie.

But fortune's flowers wi' thorns are rife,
And wealth is won by toil and strife,
Ae day gie me o' youthfu' life,
    At the back o' Benachie.

Ance mair, ance mair where Gadie rins,
Where Gadie rins, where Gadie rins,
O let me die where Gadie rins,
    At the back o' Benachie.

O! gin I were, etc.

4   THE GATHERING

John Imlah
1799-1846

Rise! rise! lowland and highlandmen!
  Bald sire to beardless son, each come, and early;
Rise! rise! mainland and islandmen,
    Belt on your broad claymores -- fight for Prince Charlie.
        Down from the mountain steep --
        Up from the valley deep --
Out from the Clachan, the Bothy, and Shieling,
        Bugle and battle-drum,
        Bid chief and vassal come,
Bravely our bagpipes the Pibroch is pealing!
                              Rise! rise! etc.

Men of the mountains! -- descendants of heroes!
  Heirs of the fame as the hills of your fathers;
Say, shall the Southron -- the Sassenach fear us
    When to the war-peal each plaided clan gathers?
        Too long on the trophied walls
        Of your ancestral halls,
Red rust hath blunted the armour of Albin;
        Seize them, ye mountain Macs,
        Buckler and battle-axe,
Lads of Lochaber, Braemarr, and Braedalbin!
                              Rise! rise! etc.

When hath the Tartan Plaid mantled a coward?
  When did the Blue Bonnet crest the disloyal?
Up, then, and crowd to the standard of Stuart,
    Follow your leader -- the rightful -- the royal!
        Chief of Clanronald,
        Donald Macdonald!
Lovat! Lochiel! with the Grant and the Gordon!
        Rouse every kilted clan,
        Rouse every loyal man,
Gun to the shoulder, and thigh the good sword on!
                              Rise! rise! etc.

11

5   THE AULD FISHER

Dr. George Mac Donald
1824-1905

There was an auld fisher, he sat by the wa',
    An' luikit oot ower the sea;
The bairnies war playin, he smil't on them a',
    But the tear stude in his e'e.

       An' it's -- oh to win awa, awa!
         An' it's , oh to win awa
Whaur the bairns come hame, an' the wives they bide,
       An' God is the father o' a'!

Jocky an' Jeamy an' Tammy oot there
    A' i' the boatie gaed doon;
An' I'm ower auld to fish ony mair,
    Sae I hinna the chance to droon!
       An' it's -- oh to win awa, awa! etc.

An' Jeannie she grat to ease her hert,
    An' she easit hersel awa;
But I'm ower auld for the tears to stert,
    An' sae the sighs maun blaw.
       An' it's -- oh to win awa, awa! etc.

Lord, steer me hame whaur my Lord has steerit,
    For I'm tired o' life's rockin sea;
An' dinna be lang, for I'm growin that fearit
    'At I'm ablins ower auld to dee!

       An' it's -- oh to win awa, awa!
         An' it's, oh to win awa
Whaur the bairns come hame, an' the wives they bide,
       An' God is the father o' a'!

6 THE WAESOME CARL

Dr. George Mac Donald
1824-1905

There cam a man to oor toon-en',
  And a waesome carl was he,
Snipie-nebbit, and crookit-mou'd,
  And gleyt o' a blinterin ee.
Muckle he spied, and muckle he spak,
  But the owercome o' his sang,
Whatever it said, was aye the same :-
  There's nane o' ye a' but's wrang!
        Ye're a' wrang, and a' wrang,
        And a'thegither a' wrang;
        There's no a man aboot the toon
        But's a'thegither a' wrang.

That's no the gait to fire the breid,
  Nor yet to brew the yill;
That's no the gait to haud the pleuch,
  Nor yet to ca the mill;
That's no the gait to milk the coo,
  Nor yet to spean the calf,
Nor yet to tramp the girnel-meal --
  Ye kenna yer wark by half!
        Ye're a' wrang, etc.

The minister wasna fit to pray
  And lat alane to preach;
He nowther had the gift o' grace
  Nor yet the gift o' speech!
He mind't him o' Balaam's ass,
  Wi' a differ we micht ken:
The Lord he opened the ass's mou,
  The minister opened's ain!
        He was a' wrang, and a' wrang.
        And a'thegither a' wrang;
        There wasna a man aboot the toon
        But was a'thegither a' wrang!

The puir precentor couldna sing,
    He gruntit like a swine;
The verra elders couldna pass
    The ladles til his min'.
And for the rulin' elder's grace
    It wasna worth a horn;
He didna half uncurse the meat,
    Nor pray for mair the morn!
        He was a' wrang, etc.

And aye he gied his nose a thraw,
    And aye he crook't his mou;
And aye he cockit up his ee
    And said, Tak tent the noo!
We snichert hint oor loof, my man,
    But never said him nay;
As gien he had been a prophet, man,
    We loot him say his say:
        Ye're a' wrang, etc.

Quo oor gudeman: The craiter's daft!
    Heard ye ever sic a claik?
Lat's see gien he can turn a han',
    Or only luik and craik!
It's true we maunna lippin til him --
    He's fairly crack wi' pride,
But he maun live -- we canna kill him!
    Gien he can work, he's bide.
            He was a' wrang, and a' wrang,
            And a'thegither a' wrang;
            There, troth, the gudeman o' the toon
            Was a'thegither a' wrang!

Quo he, It's but a laddie's turn,
    But best the first be a sma' thing:
There's a' thae weyds to gether and burn,
    And he's the man for a'thing! --
We yokit for the far hill-moss,
    There was peats to cast and ca;
O's company we thoucht na loss,
    'Twas peace till gloamin-fa'!

14

We war a' wrang, and a' wrang,
And a'thegither a' wrang;
There wasna man aboot the toon
But was a'thegither a' wrang.

For, losh, or it was denner-time
  The toon was in a low!
The reek rase up as it had been
  Frae Sodom-flames, I vow.
We lowst and rade like mad, for byre
  And ruck bleezt a' thegither,
As gien the deil had broucht the fire
  Frae hell to mak anither!
        'Twas a' wrang, and a' wrang,
        And a'thegither a' wrang,
        Stick and strae aboot the place
        Was a'thegither a' wrang!

And luikin on, han's neth his tails,
  The waesome carl stude;
To see him wagglin at thae tails
  'Maist drave's a' fairly wud.
Ain wite! he cried; I tauld ye sae!
  Ye're a' wrang to the last:
What gart ye burn thae deevilich weyds
  Whan the win' blew frae the wast!
        Ye're a' wrang, and a' wrang,
        And a'thegither a' wrang;
        There's no a man i' this fule warl
        But's a'thegither a' wrang!

Note: This version appears in Mac Donald's "Poetical Works."
A slightly different version is given in his novel "Adam Forbes."

15

7   THE WEE WIFUKIE

Dr. Alexander Geddes   or   Alexander Watson
1737-1802   1744-1831

There was a wee bit wifukie was comin' fae the fair,
Had got a wee bit drappukie that bred her muckle care;
It gaed about the wifie's heart, and she began to spew;
"Oh!" quo' the wee wifukie, "I wis' I binna fu'!
    I wis' I binna fu'" quo' she, "I wis' I binna fu'!
    Oh!" quo' the wee wifukie, "I wis' I binna fu'!

"If Johnnie find me barley-sick, I'm sure he'll claw my skin:
But I'll lie down and tak' a nap before that I gae in."
Sitting at the dykeside, and taking o' her nap,
By cam' a packman laddie wi' a little pack'
    "Wi' a little pack," quo' she, " wi' a little pack.
    By cam' a packman laddie wi' a little pack."

He's clippit aff her gowden locks, sae bonnie and sae lang;
He's ta'en her purse and a' her placks, and fast awa' he ran
And when the wifie waukened her head was like a bee.
"Oh!" quo' the wee wifukie, "this is nae me!
    This is nae me," quo' she, "this is nae me:
    Somebody has been fellin' me, and this is nae me.

"I met wi' kindly company, and birled my bawbee,
And still, if this be Bessukie, three placks remain wi' me;
But I will look the pursie nooks, see gin the cunzie be.
There's neither purse nor plack about me! -- this is nae me.
    This is nae me," quo' she, "this is nae me.
    There's neither purse nor plack about me! this is nae me.

"I have a little housukie, but and a kindly man;
A dog, they ca' him Doussikie; if this be me he'll fawn;
And Johnnie he'll come to the door, and kindly welcome gie;
And a' the bairns on the floor-head will dance if this be me
    This is nae me," quo' she, "this is nae me;
    The bairns on the floor-head will dance if this be me."

The nicht was late and dang out weet, and oh, but it was
　　dark!
The doggie heard a body's foot, and he began to bark;
Oh when she heard the doggie bark, and kennin' it was he,
"Oh weel ken ye, Doussie," quo' she, "this is nae me.
　　This is nae me," quo' she, "this is nae me!
　　Weel ken ye Doussie," quo' she, "this is nae me."

When Johnnie heard his Bessie's word, fast to the door he
　　ran.
"Is that you, Bessukie?" "Wow na, man!
Be kind to the bairns a', and weel mat ye be;
And fareweel, Johnnie," quo' she, "this is nae me.
　　This is nae me," quo' she, "this is nae me;
　　Fareweel Johnnie," quo' she, "this is nae me."

Johnnie ran to the minister, his hair stood a' on end;
"I've gotten sic a fricht, sir, I fear I'll never mend.
My wife's come hame withoot a head, crying out maist
　　piteously --
'Oh fareweel, Johnnie,' quo' she, 'this is nae me!
　　This is nae me,' quo' she, 'this is nae me!
　　Fareweel, Johnnie,' quo' she, 'this is nae me!' "

"The tale you tell," the parson said, "is wonderful to me,
How that a wife without a head could speak, or hear, or
　　see!
But things that happen hereabout so strangely altered be,
That I could maist, wi' Bessie, say, 'tis neither you nor she,
　　Neither you nor she," quo' he "neither you nor she;
　　Wow, na, Johnnie man, 'tis neither you nor she!"

Now Johnnie he cam' hame again, and oh! but he was fain
To see his little Bessukie come to hersel' again.
He got her sitting on a stool, wi' Tibbuck on her knee;
"Oh! come awa', Johnnie!" quo' she, "come awa' to me!
　　This is now me," quo' she, "this is now me!
　　I've got a nap wi' Tibbuckie, and this is now me."

LEWIE GORDON

Dr. Alexander Geddes
1737-1802

O send Lewie Gordon hame,
And the lad I daurna name!
Though his back be at the wa',
Here's to him that's far awa'.
    Ohone! my Highlandman;
    Oh! my bonnie Highlandman!
    Weel wad I my true love ken
    Amang ten thousand Highlandmen.

Oh! to see his tartan trews,
Bonnet blue, and laigh-heeled shoes,
Philabeg abune his knee! --
That's the lad that I'll gang wi'.
    Ohone! my Highlandman.

Princely youth of whom I sing,
Thou wert born to be a king!
On thy breast a regal star
Shines on loyal hearts afar.
    Ohone! my Highlandman.

Oh! to see the wished-for one
Seated on a kingly throne!
All our griefs would disappear,
We should hail a joyful year.
    Ohone! my Highlandman.

Other versions:
    This lovely lad of whom I sing,
    Is fitted for to be a king;
    And on his breast he wears a star.
    You'd tak' him for the god of war.

    Oh, to see this princely one
    Seated on his father's throne!
    Our griefs would then a' disappear,
    We'd celebrate the jub'lee year.

9   TO MY FLUTE

William Thom
1798?-1848

'Tis nae to harp, to lyre, nor lute,
    I ettle now to sing;
To thee alane, my lo'esome flute,
    This hamely strain I bring!
Oh! let us flee on memory's wing,
    O'er twice ten winters flee,
An' try ance mair that ae sweet spring
    Whilk young love breathed in thee.

Companion o' my happy *then*,
    Wi' smilin' frien's around;
In ilka but, in ilka ben,
    A couthie welcome found --
Ere yet thy master proved the wound
    That ne'er gaed skaithless by;
That gie's to flutes their saftest sound,
    To hearts their saddest sigh.

Since then, my bairns hae danced to thee,
    To thee my Jean has sung;
An' mony a nicht, wi' guiltless glee,
    Our hearty hallan rung.
But noo, wi' hardship worn and wrung,
    I'll roam the warld aboot;
For her and for our friendless young,
    Come forth, my faithful flute!

Your artless notes may win the ear
    That wadna hear me speak,
And for your sake that pity spare,
    My full heart couldna seek.
And whan the winter's cranreuch bleak
    Drives houseless bodies in,
Ye'll aiblins get the ingle-cheek,
    A' for your lichtsome din.

THE WEDDED WATERS

William Thom
1798? - 1848

Gadie wi' its waters fleet,
Ury wi' its murmurs sweet,
They hae trysted aye to meet,
    Amang the woods o' Logie.

Like bride an' bridegroom happy they,
Wooing smiles frae bank an' brae,
Their wedded waters wind an' play,
    Round leafy bowers at Logie.

O'er brashy linn, o'er meadow fine,
They never sinder, never tyne,
An' oh! I thought sic meetings mine,
    Yon happy hours at Logie.

But fortune's cauld an' changefu' e'e
Gloomed bitterly on mine an' me,
I lookit syne, but cou'dna see,
    My sworn love at Logie.

Now lonely, lonely, I may rue,
The guilefu' look, the guilefu' vow,
That fled as flees the feckless dew
    Frae withered leaves at Logie.

But Gadie wi' its torrents keen,
An' Ury wi' its braes sae green,
They a' can tell how true I've been
    To my lost love in Logie.

11   THE MITHERLESS BAIRN

William Thom
1798?-1848

When a' ither bairnies are hushed to their hame,
By aunty, or cousin, or frecky grand-dame;
Wha stan's last an' lanely, an' naebody carin'?
'Tis the puir doited loonie -- the mitherless bairn!

The mitherless bairn gangs till his lane bed,
Nane covers his cauld back, or haps his bare head;
His wee, hackit heelies are hard as the airn,
An' litheless the lair o' the mitherless bairn!

Aneath his cauld brow, siccan dreams tremble there,
O' hands that wont kindly to kame his dark hair!
But mornin' brings clutches, a' reckless an' stern,
That lo'e nae the locks o' the mitherless bairn!

Yon sister, that sang o'er his saftly-rocked bed,
Now rests in the mools whaur her mammie is laid;
The father toils sair their wee bannock to earn,
An' kens nae the wrangs o' his mitherless bairn!

Her spirit, that pass'd in yon hour o' his birth,
Still watches his wearisome wand'rings on earth,
Recording in heaven the blessings they earn,
Wha couthilie deal wi' the mitherless bairn!

Oh! speak him nae harshly -- he trembles the while --
He bends to your bidding, and blesses your smile!
In their dark hour o' anguish, the heartless shall learn
That God deals the blow for the mitherless bairn.

12 THERE'S AYE SOME WATER WHAUR THE STIRKIE DROONS

William Carnie
1824-1908

My auld Grannie had a fret,
  O weel I mind it yet,
For aften roun' my memory
  and in my lug it croons;
Whan curious things cam' oot,
  she wid shak' her heid in doot,
Wi', "There's aye some water, laddie,
  whaur the stirkie droons!"

There wiz hen-peck'd Lawyer Rae,
  the laird o' Scutterbrae,
His wife, wi' dress and denner-gien,
  ootran a' common bouns;
The Laird's gear grew fu' sma',
  and when he dwyned awa',
Folk said, "There's aye some water
  whaur the stirkie droons!"

Mrs Councillor McFell,
  sae at least weel-wishers tell,
Is subject maist untimeously
  to sudden fits and swoons,
But the virtue o' a dram
  quickly dissipates her dwam;
Ay! there's medicine in some waters
  tho' the stirkie droons!

Ye ken cripple Tailor Black,
  he's a wylin tongue and slack,
And ye min' the bonnie servin' lassie
  up at Lucky Broon's!
They've been sessioned baith thegither,
  but ye manna heed folks' blether,
Tho' there be some water ever
  whaur the stirkie droons!

22

Sly hoastin' Heckler Fyfe
        wanted to insure his life,
But whan he wiz examin'd
        there were heard sepulchral soons:
His life it wizna "gweed",
        for the doctor wrote this screed
"Aqua pura quantum suff:"
        and the stirkie droons!

There's blithesome Charlie Senter
        oor Parish Kirk precenter,
Grows nervous aft on Sundays,
        pitchin' up his psalms and tunes;
The lad's a staunch tee-totaller,
        but bein' by trade a bottler,
He mistak's the strength o' water
        and the stirkie droons!

I've a frien' - he's maybe here -
        whan he waukens and feels queer,
Try's to look as sage as Wisdom,
        while his heid wi' folly stouns;
But suggest that he's been fou',
        and he'll swear it isna true.
Yet we ken there's aye some water
        whaur the stirkie droons!

Oor wee Jock bides oot at nicht,
        till his mither's in a fricht,
Syne threeps that he wiz "deein' naething,
        wi' a lot o' ither loons;"
But if ye his pouches rype,
        ye'll fin something like a pipe,
And a smell betok'nin water
        whaur the stirkie droons!

Mrs. Gab, she gied a pairty,
     and ye min' we a' were hearty,
Yet she vows she's never seen
     sin'-syne twa o' her silver spoons,
While the last to tak' their tea
     was either you or me,
And she hints, "There maun be water
     whaur the stirkie droons!"

Gin yer cairt-wheel should tak' fire,
     mair grease is its desire,
It hiz grown as dry as rosit
     in its mony weary rouns;
Sae I maun stop my verse,
     for ye hear I'm turnin' hearse.
Yer health: "There's aye some water
     whaur the stirkie droons!"

13   HIRPLETILLIM

William Carnie
1824-1908

There's nae sic men a-makin' noo
    As ane I kent near Robslaw quarries;
His een are closed, cauld, cauld his broo,
    He's deen wi' a' life's cares and sharries:
        Daavit Drain o' Hirpletillim,
        Drink never yet was brewed wad fill him;
        Stout an' swack, broad breist, straucht back,
        Gaed strength and swing to Hirpletillim.

At kirk and market Daavit Drain
    Owre elder, factor, got a hearin';
On dootfu' pints to mak' things plain
    He exerceesed the gift o' swearin':
        Daavit Drain o' Hirpletillim,
        Storm nor stour ne'er dang could kill him;
        Up wi' the lark -- fae morn to dark
        Was heard the soun' o' Hirpletillim.

He held things gaun in barn and byre,
    At judgin' stock he own'd nae marrow;
'Nent horse and nowt he'd never tire,
    His skill confoonit Farrier Harrow:
        Daavit Drain o' Hirpletillim,
        Wi' fear nae soul micht try instil him;
        Even Ury's laird, wi' feint and gaird,
        Was scarce a match for Hirpletillim.

Bauld Daavit was an Unctioneer,
    At plenishin's he flourish't bravely;
His "going, gone" rang firm and clear,
    Slow higglers he admonished gravely:
        Daavit Drain o' Hirpletillim,
        What mortal born could e'er ill-will him?
        But noo he's gane -- and 'neath yon stane
        Nae bode can wauken Hirpletillim.

14   BON-ACCORD

Sir William Duguid Geddes
1828-1900

Gae name ilk toun, the four seas roun';
    There's ane that bears the gree,
For routh o' mense an' grip o' sense --
    It lies 'tween Don an' Dee:
        The Braif Toun, the Aul' Croun,
          Time-batter'd though they be,
          We'll cowe the loon wad pluck them doun,
            An' lan' him on the lea, lads,
            We'll lan' him on the lea.

There granite stanes an' sturdy banes
    Baith thole a dunt fu' weel,
An' stout young herts, wi' splendid pairts,
    Beat high wi' student zeal.
        The Braif Toun, etc.

Braif Aberdeen, lat's mak nae mene,
    Tho' Fortun' sen's "Cauld Kale":
Langsyne she's gien, the saucy quean,
    But gey thin "cakes an' ale."
        The Braif Toun, etc.

But yet 'tis seen, Braif Aberdeen,
    There's maybe guid in a' that,
An' mony a chiel shows gallant steel
    On siccan fare for a' that.
        The Braif Toun, etc.

An' min', our Muse first shed her dews
    Aroun' Balgownie's braes;
An' Don's proud stream wi' gowden gleam
    Saw Bruce first bang his faes.
        The Braif Toun, etc.

An' syne the Dee -- meet marrow she
  To Yarrow, Tweed, or Doon;
She nurs'd sae wild ae wondrous child --
  Won Harold's huge renoon.
      The Braif Toun, etc.

E'en now, I ween, sae weel's our Queen
  Counts our shire foremost far!
Leaves Windsor towers for birken bow'rs
  An' craigs o' Lochnagar!
      The Braif Toun, etc.

Now Dee an' Don baith run in one;
  They own ae civic sway,
An' Toun an' Goun, an' Tower an' Croun
  Are a' in ae array.
      The Braif Toun, etc.

Blithe Ninety-Twa, now roll awa,
  First year o' proud record:
An' luck befa' the Laddie braw,
  Brought roun' Big Bon-Accord.
      The Braif Toun, etc.

Sae, wend we east or wend we west,
  Or wend we o'er the faem,
We'll play a spring an' sangs we'll sing,
  Proclaimin' wide his name.
      The Braif Toun, etc.

Now crouse an' keen, Braif Aberdeen,
  Your Leopards waur them a';
Amang the best you'll cock your crest,
  Proud Toun o' rivers twa.
      The Braif Toun, etc.

15   THE LEOPARD CATS O' ABERDEEN

Sir William Duguid Geddes
1828-1900

The Leopard Cats o' Aberdeen --
  I wat they've lang been glowrin',
By day an' nicht, 'neath sun an' meen,
  To watch gin storms are lourin':
Across the sea, ayont the hills,
  They dairt their looks wide scourin';
They aye look out for doubtfu' chiels,
    Tak' tent -- ye'll hear their growlin'.
      Then, hurrah! for the Leopard Cats,
      The Leopard Cats, the Leopard Cats;
      Blithely lat them clim' an' claw;
      Better nae gae near their paw
      Lest they gie your pow a claw,
      Or your craig a wearie thraw,
      Same's they did at auld Harlaw,
      Braw Leopard Cats, hurrah!

Sin' Bannockburn till Waterloo,
  They've keepit watch an' ward aye,
O'er Dee an' Don, wi' birsy brow,
  Preservin' faithfu' guard aye.
An' tho' Time's played them gie rough reels,
  Still beardit as the pard aye,
They canna thole nae feels nor deils --
  Gude faith, they grip them hard aye.
      Then, hurrah! etc.

Gin ony ill chiel comes alang,
  Our reefs an' rafters tirlin'.
They'll gie a grane, syne at him bang --
  An' aff the thief gaes skirlin';
Sae lat our standard "Bon-Accord"
  Wave on the win' wide furlin',
An' o'er the North the auld watchword
  Will aye set herts a-dirlin'.
      Then, hurrah! etc.

THE BOATIE ROWS

John Ewen
1741-1821

O weel may the boatie row,
    And better may she speed;
And leesome may the boatie row,
    That wins the bairns bread;
The boatie rows, the boatie rows,
    The boatie rows indeed;
And weel may the boatie row,
    That wins my bairns bread.
        O weel may the boatie row,
            And better may she speed;
        And leesome may the boatie row,
            That wins my bairns bread.

I cust my line in Largo Bay,
    And fishes I catch'd nine,
There was three to boil, and three to fry,
    And three to bait the line.
The boatie rows, the boatie rows,
    The boatie rows indeed;
And happy be the lot o' a'
    Who wishes her to speed.
        O weel may etc.

O weel may the boatie row,
    That fills a heavy creel,
And cleads us a' frae head to feet,
    And buys our pottage meal.
The boatie rows, the boatie rows,
    The boatie rows indeed;
And happy be the lot o' a'
    That wish the boatie speed.
        O weel may etc.

When Jamie vow'd he wou'd be mine,
   And wan frae me my heart,
O muckle lighter grew my creel,
   He swore we'd never part.
The boatie rows, the boatie rows,
   The boatie rows fu' weel;
And muckle lighter is the load
   When love bears up the creel.
      O weel may etc.

My kurtch I put upo' my head,
   And dress'd mysel' fu' braw,
I true my heart was douf an' wae,
   When Jamie gaed awa',
But weel may the boatie row,
   And lucky be her part;
And lightsome be the lassie's care
   That yeilds an honest heart.
      O weel may etc.

When Sawney, Jock, and Janetie
   Are up and gotten lear,
They'll help to gar the boatie row,
   And lighten a' our care.
The boatie rows, the boatie rows,
   The boatie rows fu' weel;
And lightsome be her heart that bears
   The murlain and the creel.
      O weel may etc.

And when wi' age we're worn down,
   And hirpling round the door,
They'll row to keep us dry and warm,
   As we did them before.
Then weel may the boatie row,
   She wins the bairns bread;
And happy be the lot o' a',
   That wish the boat to speed.
      O weel may etc.

Note: This is believed to be the original version of the song,
    but there have been several variants.

17   THE ROCK AND THE WEE PICKLE TOW

Alexander Ross
1699-1784

There was an auld wife had a wee pickle tow,
And she wad gae try the spinnin' o't;
She louted her doon, and her rock took a-low,
 And that was a bad beginnin' o't.
She sat and she grat, and she flat and she flang,
And she threw and she blew, and she wriggled and wrang,
And she chokit and boakit, and cried like to mang,
 Alas! for the dreary beginnin' o't.

I've wanted a sark for these aucht years and ten,
And this was to be the beginnin' o't;
But I vow I shall want it for as lang again,
 Or ever I try the spinnin' o't.
For never sin' ever they ca'ad as they ca' me,
Did sic a mishap and michanter befa' me,
But ye shall hae leave baith to bang and to draw me
 The neist time I try the spinnin' o't.

I hae keepit my hoose now these three score o' years,
And aye I kept back frae the spinnin' o't;
But how I was sarkit, foul fa' them that speirs,
 For it minds me upo' the beginnin' o't.
But our women are now-a-days a' grown sae braw,
That ilka ane maun hae a sark, and some twa;
The warld was far better when ne'er ane ava
 Had a rag but ane at the beginnin' o't.

But we maun hae linen, and that maun hae we,
But how get we that but by spinnin' o't;
How can we hae face for to seek a great fee,
 Except we can help at the winnin' o't?
An' we maun hae pearlins, an' mabbies, an' cocks,
An' some other thing that the leddies ca' smocks;
An' how get we that, gin we tak na our rocks,
 An pou what we can at the spinnin' o't?

31

'Tis needless for us to mak' ony remarks,
Frae our mither's miscooking the spinnin' o't;
She never kenn'd ocht o' the gueed o' the sarks,
    Frae this aback to the beginnin' o't.
Twa-three ells o' plaiden was a' that was sought
By our auld-warld bodies, and that bude be bought,
For in ilka town siccan things wasna wrocht,
    Sae little they kenn'd o' the spinnin' o't.

WOO'D AND MARRIED AND A'

Alexander Ross
1699-1784

Woo'd and married and a',
    Married and woo'd and a';
The dandilly toast of the parish
    Is woo'd and married and a'.
The wooers will now ride thinner,
    And by, when they wonted to ca';
'Tis needless to speer for the lassie
    That's woo'd and married and a'.

The girss had na freedom of growing
    As lang as she wasna awa',
Nor in the town could there be stowing
    For wooers that wanted to ca'.
For drinking and dancing and brulyies
    And boxing and shaking of fa's,
The town was for ever in tulyies;
    But now the lassie's awa'.

But had they but ken'd her as I did,
    Their errand it wad hae been sma';
She neither kent spinning nor carding,
    Nor brewing nor baking ava'.
But wooers ran all mad upon her,
    Because she was bonnie and braw,
And sae I dread will be seen on her,
    When she's byhand and awa'.

He'll ruise her but sma' that has married her,
    Now when he's gotten her a',
And wish, I fear, he had miscarry'd her,
    Tocher and ribbons and a'.
For her art it lay all in her dressing;
    But gin her braws ance were awa',
I fear she'll turn out o' the fashion
    And knit up her moggans with straw.

For yesterday I yeed to see her,
    And O she was wonderous braw,

Yet she cried to her husband to gie her
    An ell of red ribbons or twa.
He up and he sat doun beside her
    A reel and a wheelie to ca';
She said, Was he this gate to guide her?
    And out at the door and awa'.

Her neist road was hame till her mither,
    Who speer'd at her now, "How was a'?"
She says till her, "Was't for nae ither
    That I was married awa',
But gae and sit down to a wheelie,
    And at it baith night and day ca',
And hae the yarn reeled by a cheelie,
    That ever was crying to draw?"

Her mother says till her, "Hech, lassie,
    He's wisest, I fear, of the twa;
Ye'll hae little to put in the bassie,
    Gin ye be backward to draw.
'Tis now ye should work like a tiger
    And at it baith wallop and ca',
As lang's ye hae youthhead and vigour,
    And littlins and debt are awa'.

"Sae swythe awa' hame to your hadding,
    Mair fool than when ye came awa';
Ye maunna now keep ilka wedding,
    Nor gae sae clean-fingered and braw;
But min' wi' a neiper you're yokit,
    And that ye your end o't maun draw,
Or else ye deserve to be dockit;
    Sae that is an answer for a'."

Young lucky now finds herself nidder'd,
    And wist na well what gate to ca';
But with hersel even considered
    That hamewith were better to draw,
And e'en take her chance of her landing,
    However the matter might fa';
Folk need not on frets to be standing
    That's woo'd and married and a'.

19   WOO'D, AND MARRIED, AND A'

Alexander Ross
1699-1784

The bride cam' oot o' the byre,
  And O, as she dighted her cheeks!
Sirs, I'm to be married the night,
  And have neither blankets nor sheets;
Have neither blankets nor sheets,
  Nor scarce a coverlet too;
The bride that has a'thing to borrow,
  Has e'en right muckle ado.
        Woo'd, and married, and a',
          Married, and woo'd, and a'!
      And was she nae very weel aff,
          That was woo'd, and married, and a'?

Out spake the bride's father,
  As he cam' in frae the pleugh:
O haud your tongue, my dochter,
  And ye'se get gear eneugh;
The stirk stands i' the tether,
  And our braw bawsint yade,
Will carry ye hame your corn --
  What wad ye be at, ye jade?
        Woo'd, and married etc.

Out spake the bride's mither,
  What deil needs a' this pride?
I had nae a plack in my pouch
  That night I was a bride;
My gown was linsy-woolsy,
  And ne'er a sark ava;
And ye hae ribbons and buskins,
  Mae than ane or twa.
        Woo'd, and married etc.

Oot spake the bride's brither,
  As he cam' in wi' the kye:
Poor Willie wad ne'er hae ta'en ye,
  Had he kent ye as weel as I;
For ye're baith proud and saucy,
  An' no for a poor man's wife;
Gin I canna get a better,
  I'se ne'er tak ane i' my life.
        Woo'd, and married etc.

The bridegroom he spake neist,
  And he spake up wi' pride;
'Twas no for gowd or gear
  I socht you for my bride;
I'll be prooder o' you at hame,
  Although our haddin' be sma',
Than gin I had Kate o' the Croft,
  Wi' her pearlins an' brooches an' a'.
        Woo'd, and married etc.

Note: Both of these versions of WOO'D AND MARRIED AND A' have been attributed to Alexander Ross.

20   TO ALEXANDER ROSS OF LOCHLEE

Dr. James Beattie
1735-1803

O Ross, thou wale of hearty cocks,
Sae crouse and canty wi' thy jokes!
Thy hamely auldwarld muse provokes
   Me, for a while
To ape our guid plain countra folks
   In verse and stile.

Sure never carle was haff sae gabby
E'er since the winsome days o' Habby:
O mayst thou ne'er gang clung, or shabby,
   Nor miss thy snaker!
Or I'll ca' Fortune, Nasty, Drabby,
   And say -- Pox take her.

O may the roupe ne'er roust thy weason,
May thirst thy thrapple never gizzen!
But bottled ale in mony a dizzen,
   Aye lade thy gantry!
And fouth o' vivres a' in season,
   Plenish thy pantry.

Lang may thy stevin fill wi' glee
The glens and mountains o' Lochlee,
Which were right gowsty but for thee,
   Whase sangs enamour
Ilk lass, and teach wi' melody
   The rocks to yamour.

Ye shak your heid, but, O my fegs,
Ye've set old Scota on her legs,
Lang had she lyen wi' beffs and flegs,
   Bumbaz'd and dizzie;
Her fiddle wanted strings and pegs,
   Wae's me! poor hizzie.

Since Allan's death naebody car'd
For anes to speer how Scota far'd;
Nor plack nor thristled turner war'd
       To quench her drouth;
For, frae the cottar to the laird
       We a' rin South.

The Southland chiels indeed hae mettle,
And brawly at a sang can ettle,
Yet we right couthily might settle
       O' this side Forth.
The devil pay them wi' a pettle
       That slight the North.

Our countra leed is far frae barren,
It's even right pithy and aulfarren,
Oursells are neiper-like, I warren,
       For sense and smergh;
In kittle times when faes are yarring,
       We're no thought ergh.

Oh! bonny are our greensward hows,
Where through the birks the burny rows,
And the bee bums, and the ox lows,
       And saft winds rusle;
And shepherd lads on sunny knows
       Blaw the blythe fusle.

'Tis true, we Norlans manna fa'
To eat sae nice, or gang sae bra',
As they that come frae far awa;
       Yet sma's our skaith:
We've peace (and that's well worth it a')
       And meat and claith.

Our fine newfangle sparks, I grant ye,
Gi'e poor auld Scotland mony a taunty;
They've grown sae ugertfu' and vaunty,
       And capernoited,
They guide her like a canker'd aunty
       That's deaf and doited.

Sae comes of ignorance I trow,
'Tis this that crooks their ill faur'd mou'
Wi' jokes sae course, they gar fouk spue
      For downright skunner;
For Scotland wants na sons enew
      To do her honour.

I here might gie a skreed o' names,
Dawties of Heliconian Dames!
The foremost place Gawin Douglas claims,
      That canty priest.
And wha can match the fifth King James
      For sang or jest?

Montgomery grave, and Ramsay gay,
Dunbar, Scot, Hawthornden, and mae
Than I can tell, for o' my fae,
      I maun brak aff;
'Twould take a live-lang simmer-day
      To name the haff.

The saucy chiels -- I think they ca' them
Criticks -- the muckle sorrow claw them,
(For mense or manners ne'er could awe them
      Frae their presumption)
They need na try thy jokes to fathom;
      They want rumgumption.

But ilka Mearns and Angus bairn,
Thy tales and sangs by heart shall learn,
And chiels shall come frae 'yont the Cairn -
      amounth, right vousty,
If Ross will be so kind as share in
      Their pint at Drousty.

21 LOGIE O' BUCHAN

George Halket
1715-1756

O Logie o' Buchan, O Logie the laird,
They hae taen awa Jamie wha delved in the yaird,
Wha played on the pipe, and the viol sae sma;
They hae taen awa Jamie, the flow'r o' them a'.
He said "Think na lang lassie, though I gang awa,
For I'll come back and see ye in spite o' them a'."

O Sandy has owsen, has gear, and has kye,
A hoose and a haddin', and siller forbye;
But I'd tak my lad wi' his staff in his hand,
Afore I'd hae him wi' his houses and land.
    He said "Think na lang lassie," etc.

My daddie looks sulky, my minnie looks sour,
They frown upon Jamie because he is poor;
But daddie and minnie although that they be,
They're no half as dear as my Jamie to me.
    He said "Think na lang lassie," etc.

I sit on my creepie and spin at my wheel,
And think on the laddie that lo'ed me sae weel;
He had but ae saxpence, he brak it in twa,
And he gied me the half o't ere he gaed awa.
    Sayin "Think na lang lassie," etc.

Then haste ye back, Jamie, and bide nae awa,
Then haste ye back, Jamie, and bide nae awa,
The simmer is comin', cauld winter's awa,
And ye'll come and see me in spite o' them a'.
    Ye said "Think na lang lassie," etc.

Note: Jamie was James Robertson, the gardener at Logie.
    There are several variants of this song.

40

22 CAULD KAIL IN ABERDEEN

Alexander, 4th Duke of Gordon
1743-1827

There's cauld kail in Aberdeen
 And castocks in Stra'bogie;
Gin I but hae a bonnie lass,
 Ye're welcome to your cogie.
An' ye may sit up a' the nicht,
An' drink till it be braid daylicht;
Gie me a lass baith clean and ticht
 To dance the reel o' Bogie.

In cotillons the French excel;
 John Bull loves country dances;
The Spaniards dance fandangoes well
 Mynheer an allemande prances;
In foursome reels the Scots delight,
At threesomes they dance wondrous light,
But twasomes ding a' out o' sight,
 Danced to the reel o' Bogie.

Come lads, and view your partners weel;
 Wale each a blithsome rogie;
I'll tak this lassie to mysel,
 She looks sae keen and vogie.
Now, piper lads, bang up the spring,
The country fashion is the thing,
To prie their mou's ere we begin
 To dance the reel o' Bogie.

Now ilka lad has got a lass,
 Save yon auld doited fogey,
And ta'en a fling upon the grass,
 As they do in Stra'bogie.
But a' the lasses look sae fain,
We canna think oursel's to hain,
For they maun hae their come again,
 To dance the reel o' Bogie.

Now a' the lads hae done their best,
    Like true men o' Stra'bogie;
We'll stop a while an' tak a rest,
    And tipple out a cogie.
Come now, my lads, and tak your glass,
And try ilk ither to surpass,
In wishing health to every lass
    To dance the reel o' Bogie.

23   A COGIE O' YILL

Andrew Shirrefs
1762-1801?

A cogie o' yill and a pickle aitmeal,
  And a dainty wee drappie o' whiskey,
Was our forefathers' dose for to sweel doon their brose,
  And keep them aye cheery and frisky.

    Then hey for the whiskey and hey for the meal,
      And hey for the cogie, and hey for the yill;
    Gin ye steer a' thegither they'll do unco weel
      To keep a chiel cheery and brisk aye.

When I see our Scots lads, wi' their kilts and cockades,
  That sae aften ha'e loundered our foes, man,
I think to mysel' on the meal and the yill,
  And the fruits o' our Scottish kail brose, man.
    Then hey for the whiskey, etc.

When our brave Highland blades, wi' their claymores
    and plaids,
  In the field drive like sheep a' our foes, man;
Their courage and power spring frae this, to be sure,
  They're the noble effects o' the brose, man.
    Then hey for the whiskey, etc.

But your spindle-shanked sparks, wha sae ill fill their
    sarks,
  Your pale-visaged milksops and beaux, man;
I think, when I see them, 'twere kindness to gi'e them
  A cogie o' yill or o' brose, man.
    Then hey for the whiskey, etc.

What John Bull despises our better sense prizes;
  He denies eatin' blanter ava, man;
But by eatin' o' blanter his mare's grown, I'll warrant her,
  The manliest brute o' the twa, man.
    Then hey for the whiskey, etc..

THE BUCKET

Peter Still
1814-1848

The bucket, the bucket, the bucket for me!
Awa' wi' your bickers o' barley bree;
Though good ye may think it, I'll never mair drink it --
The bucket, the bucket, the bucket for me!

There's health in the bucket, there's wealth in the bucket,
There's mair i' the bucket than mony can see;
An' aye when I leuk in't I find there's a beuk in't
That teaches the essence o' wisdom to me.

Whan whisky I swiggit, my wifie aye beggit,
An' aft did she sit wi' the tear in her e'e;
But noo -- wad you think it? -- whan water I drink it,
Right blythesome she smiles on the bucket an' me.

The bucket's a treasure nae mortal can measure,
It's happit my wee bits o' bairnies an' me;
An' noo roun' my ingle, whare sorrows did mingle,
I've pleasure, an' plenty, an' glances o' glee.

The bucket's the bicker that keeps a man sicker,
The bucket's a shield an' a buckler to me;
In pool or in gutter nae langer I'll splutter,
But walk like a freeman wha feels he is free.

Ye drunkards, be wise noo, an' alter your choice noo --
Come, cling to the bucket, an' prosper like me;
Ye'll find it is better to swig "caller water,"
Than groan in a gutter without a bawbee!

25   YE NEEDNA BE COURTIN' AT ME

Peter Still
1814-1848

"Ye needna be courtin' at me, auld man,
Ye needna be courtin' at me;
Ye're threescore an' three, an' ye're blin' o' an e'e,
Sae ye needna be courtin' at me, auld man,
Ye needna be courtin' at me.

"Stan' aff, noo, an' just lat me be, auld man,
Stan' aff, noo, an' just lat me be;
Ye're auld an' ye're cauld, an' ye're blin' an' ye're bauld,
An' ye're nae for a lassie like me, auld man,
Ye're nae for a lassie like me."

"Ha'e patience, an' hear me a wee, sweet lass,
Ha'e patience an' hear me a wee;
I've gowpens o' gowd, an' aumry weel stow'd,
An' a heart that lo'es nane but thee, sweet lass,
A heart that lo'es nane but thee.

"I'll busk ye as braw as a queen, sweet lass,
I'll busk ye as braw as a queen;
I've guineas to spare, an' hark ye, what's mair,
I'm only twa score an' fifteen, sweet lass,
Only twa score an' fifteen."

"Gae hame to your gowd an' your gear, auld man,
Gae hame to your gowd an' your gear;
There's a laddie I ken has a heart like mine ain,
An' to me he shall ever be dear, auld man,
To me he shall ever be dear.

"Get aff, noo, an' fash me nae mair, auld man,
Get aff, noo, an' fash me nae mair;
There's a something in love that your gowd canna move --
I'll be Johnnie's although I gang bare, auld man,
I'll be Johnnie's although I gang bare."

26   MYSIE GORDON

Dr. Walter C. Smith
1824-1908

Now where is Mysie Gordon gone?
  What should take her up the glen,
Turning, dowie and alone
    From smithy lads and farming men? --
      Never seen where lasses, daffing
      At the well, are blithely laughing,
      Dinging a' the chields at chaffing:
          Bonnie Mysie Gordon.

Mysie lo'ed a student gay,
  And he vowed he lo'ed her well:
She gave all her heart away,
  He lo'ed nothing but himsel':
      Then he went to woo his fortune,
      Fleechin', preachin', and exhortin',
      Got a Kirk, and now is courtin' --
          But no his Mysie Gordon.

Every night across the moor,
  Where the whaup and peewit cry,
Mysie seeks his mither's door
  Wi' the saut tear in her eye.
      Little wots his boastfu' Minnie,
      Proud to tell about her Johnnie,
      Every word's a stab to bonnie
          Love-sick Mysie Gordon.

A' his letters she maun read,
  A' about the lady braw:
Though the lassie's heart may bleed,
  Though it even break in twa:
      Wae her life may be and weary,
      Mirk the nicht may be and eerie,
      Yet she'll gang, and fain luik cheerie,
          Bonnie Mysie Gordon.

Whiles she thinks it maun be richt;
   She is but a landward girl;
He a scholar, and a licht
   Meikle thocht o' by the Earl.
      Whiles she daurna think about it,
      Thole her love, nor live without it,
      Sair alike to trust, or doubt it,
         Waesome Mysie Gordon.

Mysie doesna curse the cuif,
   Doesna hate the lady braw,
Doesna even haud aloof,
   Nor wish them ony ill ava:
      But she leaves his proudfu' mither,
      Dragging through the dowie heather
      Weary feet by ane anither:
         Bonnie Mysie Gordon.

MISS PENELOPE LEITH

Dr.Walter C. Smith
1824-1908

Last heiress she of many a rood,
Where Ugie winds through Buchan braes --
A treeless land, where beeves are good,
And men have quaint old-fashioned ways,
And every burn has ballad-lore,
And every hamlet has its song,
And on its surf-beat rocky shore
The eerie legend lingers long.
Old customs live there, unaware
That they are garments cast away,
And what of light is shining there
Is lingering light of yesterday.

Never to her the new day came,
Or if it came she would not see;
This world of change was still the same
To our old-world Penelope:
New fashions rose, old fashions went,
But still she wore the same brocade,
With lace of Valenciennes or Ghent
More dainty by her darning made;
A little patch upon her face,
A tinge of colour on her cheek,
A frost of powder, just to grace
The locks that time began to streak.

A stately lady; to the poor
Her manner was without reproach;
But from the causeway she was sure
To snub the Provost in his coach:
In pride of birth she did not seek
Her scorn of upstarts to conceal,
But of a Bailie's wife would speak
As if she bore the fisher's creel.
She said it kept them in their place,
Their fathers were of low degree;
She said the only saving grace
Of upstarts was humility.

The quaint old Doric still she used,
And it came kindly from her tongue;
And oft the "mim-folk" she abused,
Who mincing English said or sung:
She took her claret, nothing loath,
Her snuff that one small nostril curled;
She might rap out a good round oath,
But would not mince it for the world:
And yet the wild word sounded less
In that Scotch tongue of other days;
'Twas just like her old-fashioned dress,
And part of her old-fashioned ways.

At every fair her face was known,
Well-skilled in kyloes and in queys:
And well she led the fiddler on
To wale the best of his strathspeys;
Lightly she held the man who rose
While the toast-hammer still could rap,
And brought her gossip to a close,
Or spoilt her after-dinner nap;
Tea was for women, wine for men,
And if they quarrelled o'er their cups,
They might go to the peat-moss then,
And fight it out like stags or tups.

She loved a bishop or a dean,
A surplice or a rochet well,
At all the Church's feasts was seen,
And called the Kirk, Conventicle;
Was civil to the minister,
But stiff and frigid to his wife,
And looked askance, and sniffed at her,
As if she lived a dubious life.
But yet his sick her cellars knew,
Well stored from Portugal or France,
And many a savoury soup or stew
Her game-bags furnished to the manse.

But if there was a choicer boon
Above all else she would have missed,
It was on Sunday afternoon
To have her quiet game at whist.
Close to the window, when the Whigs
Were gravely passing from the Kirk,
And some on foot, and some in gigs,
Would stare at her unhallowed work:
She gloried in her "devil's books"
That cut their sour hearts to the quick;
Rather than miss their wrathful looks
She would have almost lost the trick.

Her politics were of the age
Of Claverhouse or Bolingbroke;
Still at the Dutchman she would rage,
And still of gallant Grahame she spoke.
She swore 'twas right that Whigs should die
Psalm-snivelling in the wind and rain,
Though she would ne'er have harmed a fly
For buzzing on the window pane.
And she had many a plaintive rhyme
Of noble Charlie and his men:
For her there was no later time,
All history had ended then.

The dear old sinner! yet she had
A kindly human heart, I wot,
And many a sorrow she made glad,
And many a tender mercy wrought:
And though her way was somewhat odd,
Yet in her way she feared the Lord,
And thought she best could worship God
By holding Pharisees abhorred,
By being honest, fearless, true,
And thorough both in word and deed,
And by despising what is new,
And clinging to her old-world creed.

28 GEORDIE PROPOSES TO MISS TIPTOE

John Milne
1792-1871

A maid of vain glory, with grandeur and pride,
Was asked by a ploughman wad she be his bride;
But she turned up her head and the white o' her e'e,
"I'd rather the garret than a ploughman," quo' she.

Says Geordie, "I'll get a bit hoose an' a coo,
While ye could sit couthie wi' little to do
But wash my bit rags an' darn my hose,
An' get plenty to sup o' guid pottage an' brose."

Out she spoke like a fury, like a drunkard in drink,
"Could I sup your pottage or brose, do ye think?
A sight o' them's plenty, in pot or on plate,
And your oaten meal cakes I do mortally hate."

"Oh then," says Geordie, "it wad be something strange,
Gif we getna whiles tatties an' kail for a change,
An' maybe on Sunday we'd get a drap tea;
Though I couldna promise ilka day this to gie."

"Your kail and potatoes, they never will do,
Your pottage nor brose, your house, nor your coo;
I must have what I choose each day that I dine
With a servant to do whate'er I incline.
It may do with poor servants that's still at the frame,
Who work like yoursel', and eat of the same,
But it never will do with a lady like me;
So I'd rather the garret than a ploughman," quo' she.

"And you know, every morning I rise out of bed
The servant must have my breakfast well made;
With beef steaks and biscuits, buns, sugar, and tea,
As something like treatment for ladies like me."

"Since I know now," says Geordie, "that this is your plan,
I swear you shall never get me for a man;
You may gang to the garret, or gang to the deil,
It's a' ane to Geordie; guid nicht, an' fareweel!"

51

29 TIPPERTY'S JEAN

Dr. Patrick Buchan
1814-1881

In a wee thackit hoosie, far doon i' the glen,
There lived a young lassie, the plague o' the men;
Sae dainty, sae genty, sae canty and keen,
The wale o' the parish was Tipperty's Jean.

The minister smiled till her braid o' the kirk,
The dominie winkit wi' mony a smirk,
An' douce lookin elders on Saturday e'en
Could crack about naething but Tipperty's Jean.

Auld Lowrie, the laird, wi' his hat in his hand,
Says will ye tak' me wi' my siller an' land?
Mony thanks to ye, laird, but it's sinfu' gin ane
Sud marry their grandad, quo' Tipperty's Jean.

The doctor grew dowie and maist like to dee,
Sae wowf gat the lawyer he bade folks agree,
An' Rob o' the Milltown, an' Tam o' the Green
Maist tint their scant wits aboot Tipperty's Jean.

The lasses gaed wanderin' their lanes i' the loan,
The auld folks were girnin' wi' mony a groan;
The warld's seerly gyte, sirs, there's never been seen
Sic wark as they haud aboot Tipperty's Jean.

Nae dellin' was deen, nae thrashin', nae ploughin',
The wark a' gaed wrang, sae thrang were they wooin',
Sic ridin', sic racin', there never was seen
The chiels were sae daft aboot Tipperty's Jean.

They happit aboot her like craws on a rig,
A' fechtin', or fleechin', or crackin' fell big;
Gae wa', sirs, to Freuchie, for brawly it's seen
It's siller ye're wooin', quo' Tipperty's Jean.

Sin' auld Uncle Davie cam' back owre the sea,
An' left sic a hantle o' siller tae me,
I'm deaved wi' yer wooin', frae mornin' till e'en,
The deil tak sic wooers, quo' Tipperty's Jean.

Oh, wae on the siller! it's turned me an' Johnny,
Though scanty o' wealth, yet he's kindly an' bonny;
Gin he wad but seek me this very guid e'en
He'd no tine his errand, quo' Tipperty's Jean.

Puir Johnny o'erheard her, his heart like to brack,
He cuist his arms roun' her an' gied her a smack:
Wull ye be my dawtie? She blinkit fu' keen,
Ye're welcome to tak' me, quo' Tipperty's Jean.

An' there was a waddin', sic vivers and drinks,
Sic fiddlin' an' pipin', sic dancin' an' jinks;
The haggis e'en hotched to the piper its lane,
It's a' weel that ends weel, quo' Tipperty's Jean.

The minister danced i' the barn wi' the bride;
The elders cried, fiddlers play up "Delvin Side";
The dominie sang like a mavis at e'en:
Here's a health to guid lasses like Tipperty's Jean.

THE FATHER'S LULLABY

John Forbes-Robertson
1822-1903

Refrain -- Boulie ba loo, my bairnie,
Boulie ba loo.

Your daddie has to rise betimes,
Then sleep ye saft and soun';
And close beside your mammy, love,
I'll gently lay ye doun.
Ye've drained her bonnie bozies dry,
Ye wee bit greedy mou' --
Then surely ye will try and sleep
A leesome sleepie noo?
So boulie ba loo, my bairnie,
Oh! boulie ba loo.

There, she sleeps lithely by my side,
But pale's her face and wan --
She's weary, weary nursing o'
Her waukrife little man.
But oh! she dauts wi' mony a kiss,
Wi' mony a mammie's goo,
And ca's him her ain doddie dear,
Her wee, wee croodlin' doo;
Then dinna, dinna wauken her,
But boulie, ba loo.

The snawy sheets, the glimmering licht,
Your mammie's faulded e'e --
Wi' naething waukening on the nicht,
Excepting you and me --
Bring weird-like shadows round the bed,
And o'er my anxious broo;
For, tho' a father's feeling's sweet,
It's deep and solemn too --
But oh! you're but a lammie yet,
Then boulie ba loo.

Will that wee mou' e'er min't to kiss,
    Some lady's gentle hand?
That mither's e'e e'er flash wi' wit --
    That broo house dreamings grand?
Or will your sweet soul pass to heaven,
    Like morning's early dew,
And we be left wi' harried hearts,
    Wi' nane to lull or lo'e --
Nae bonnie bairn to hear the sang
    O' boulie ba loo.

God spare the lammie and its dam --
    The daddie for their sakes --
Spare her, that we may live and lo'e
    Thro' a' life's sorry braiks;
And when our heads wi' honoured snaw
    Auld age begins to strew,
God spare to us his noble heart,
    And oh! to him renew
Thy blessings, when he sings himsel'
    A boulie ba loo.

But see, slow o'er his deep blue een
    The lazy wee lids creep --
Wha, wha would grudge a waukrife hour
    To see a cherub sleep?
Oh! when we reach that cauld dark stream,
    Which a' earth maun pass through,
May our last sleep as coothie creep
    O'er us and eke o'er you --
Just as if angels wyled us hame,
    Wi' boulie ba loo.
              Boulie ba loo, my bairnie,
              Boulie ba loo.

Note: This lullaby is said to have been composed to send to sleep his eldest son, who became Sir Johnston Forbes Robertson (1853-1937), the great actor.

31   THE PIOBRACH O' KINREEN

William Forsyth
1818-1879

Och, hey! Kinreen o' the Dee
Kinreen o' the Dee
Kinreen o' the Dee --
Och, hey! Kinreen o' the Dee.

I'll blaw up my chanter
I've sounded fu' weel
To mony a ranter
In mony a reel;
An' pour a' my heart i' the win'bag wi' glee:
Och, hey! Kinreen o' the Dee
For licht was the lauchter on bonny Kinreen,
An' licht was the fitt-fa' that danced o'er the green,
An' licht were the hearts a', and lichtsome the eyne.
Och, hey! Kinreen o' the Dee, etc.

The auld hoose is bare noo,
A cauld hoose to me;
The hearth is nae mair noo
The centre o' glee;
Nae mair for the bairnies the bield it has been:
Och, hey! for bonny Kinreen.
The auld folk, the young folk, the wee anes an' a',
A hunder years' hame birds are harried awa --
Are harried an' hameless whatever winds blaw.
Och, hey! Kinreen o' the Dee, etc.

Fareweel my auld plew-lan'!
I'll never mair plew it;
Fareweel my auld plew, an'
The auld yaud that drew it!
Fareweel my auld kail-yard, ilk bush an' ilk tree!
Och, hey! Kinreen o' the Dee;
Fareweel the auld braes that my han' keepit green;
Fareweel the auld ways where we wandered unseen,
Ere the licht o' my hearth cam to bonny Kinreen.
Och, hey! Kinreen o' the Dee, etc.

56

The auld kirk looks up o'er
  The dreesome auld dead,
Like a saint speaking hope o'er
  Some sorrowfu' bed.
Fareweel the auld kirk, and fareweel the kirk-green!
They speak o' a far better hame than Kinreen;
The place we wad cling to, puir simple auld fules,
O' oor births an' oor bridals, oor blisses an' dools,
Where the wee bits o' bairnies lie cauld i' the mools.
      Och, hey! Kinreen o' the Dee, etc.

I afttimes ha'e wondered
  If deer be as dear,
As sweet ties o' kindred
  To peasant or peer;
As the tie to the hames o' the lan'-born be:
      Och, hey! Kinreen o the Dee.
The heather that blossoms unkent on the moor
Wad dee in the bonniest greenhouse, I'm sure,
To the wonder o' mony a forran-lan' flower.
      Och, hey! Kinreen o' the Dee, etc.

Though little the thing be
  Oor ain we can ca',
That little we cling be
  The mair that it's sma'.
Though puir was oor hame, an' though wild was the
      scene,
'Twas the hame o' oor hearts, it was bonny Kinreen;
And noo we maun leave it, baith grey head and bairn;
Maun leave it to fatten the deer o' Knock Cairn
An' a' frae Lochlee to o' Morven o' Gairn.
      Och, hey! Kinreen o' the Dee,
        Kinreen o' the Dee,
        Kinreen o' the Dee --
      Sae fareweel forever, Kinreen o' the Dee!

32   OLD ABERDEEN

William Forsyth
1818-1879

The toun had then but ten short streets;
    To ilka hoose there wis a yaird;
But these auld yairds grew sturdy reets,
    An' ilka gate had aye its gaird.

The Don doon by the Braid Hill ran,
    The tide weesh up the Castle Brae;
An' where lang miles o' pier-wark stan'
    A half a score o' birlinns lay.

Where flowed the tide by Tarnty Mill
    The iron horse has noo its sta'
Frae Justice Port to Windmill Hill
    Wis wavin' green wi' yairdins a'.

The Woo'manhill wis ae green knowe,
    An' up the Denburn's bonny bank
The playgrun lay in Gilcolm's Howe
    The scene o' mony a merry prank.

An' then-a-days the quintra-side
    To Brimman an' the Loch o' Skene
Wis ae bleak muir o' sax miles wide,
    Wi' scarce a single patch o' green,

Ae patch o' corn, ae rig o' girse,
    Excep' aside some cottar's biel';
When reivin' caterans cam' frae Birse
    They scarcely saw a cow to steal.

Thon Heilan' rogues war honest sae far,
    Mair than some wham I micht mention,
They toom't a byre wi' nae palaver
    On the score o' gweed intention.

33   LOWRIN FAIR

John Milne

A staffy-nevel sair stramash,
  An gweeshtins! sic a squallochin;
The sweetie stans were dung to hash,
  The Wives war red wi' bawlochin.

Sic a reerie ne'er was seen,
  The din was undevalin;
Sic bleedy nizes, blaewort een
  Was something maist appalin'!

The Lasses rug an' tug their Lads
  Oot o' the general habble,
But some are drunk, an' ca' them jads,
  An' only stan' an' gabble.

The morning sun shone from the east,
  Friends met, and a' were ruly;
The evening sun sunk down to rest
  Upon this gruesome tooly.

We ken the Chiel that bred the sploar,
  A rantin', roarin' Willie,
Though patronis'd the warl' owre
  He weel deserves a gullie.

War no this warl' a foolish warl',
  It wudna stan' an' threaten;
But tak' the gate, pursue the carl,
  An' see him soundly beaten.

Wives an' Bairns wud bless the deed,
  The vera birds wud warble;
'Twud pit the Countra oot o' need,
  An' turn our bricks to marble!

John Milne

On a fine Highland brae that leans down to the Dee,
Stands the Micras, the clachan o' clachans to me,
For there I was born, and there I was bred,
And there let me rest when my journey is sped,
Near the sough and the rush o' my ain Highland Dee
For the Micras is clachan o' clachans to me!

Though the wa's are o' turf or at best stone an' clay,
With the old wooden lums where the reek finds its way,
An' theekit wi' broom or good warm straw
To fend frae the rain an' the sleet an' the snaw,
Yet how cosy it stands looking down on the Dee,
For the Micras is clachan o' clachans to me!

Though now far removed from my ain native brae,
My thoughts are like rooks at the close of the day,
That flocking in troops wi' a weary "Ca! Ca!"
Are fain to return to their ain native shaw;
So the sunset of Life sees my thoughts flowing free
To the Micras, the clachan o' clachans to me!

I hope and I trust when my journey is sped
That folk where I fall will see me down laid,
Nor think it an idle, a vain foolish quest,
But carry me over the hills to my rest,
Near the sough and the rush o' my ain Highland Dee,
For the Micras is clachan o' clachans to me!

35   JEAN FINLATER'S LOUN

William Anderson
1802-1867

The winter was lang, an' the seed-time was late,
An' the cauld month o' March sealed Tam Finlater's fate;
He dwin'd like a sna' wreath till some time in June,
Then left Jean a widow, wi' ae raggit loun.
Jean scrapit a livin' wi' weavin' at shanks --
Jock got into scrapes -- he was aye playin' pranks;
Frae the Dee to the Don he was fear'd roun' the toun --
A reckless young scamp was Jean Finlater's loun.

Jock grew like a saugh on a saft, boggy brae --
He dislikit the school, an car'd mair for his play;
Ony mischief that happened, abroad or at hame,
Whaever was guilty, Jock aye got the blame.
Gin a lantern or lozen was crackit or broke,
Nae ane i' the toun got the wite o't but Jock;
If a dog was to hang, or a kittlin to droon,
They wid cry, gie the job to Jean Finlater's loun.

He rappit the knockers -- he rang a' the bells --
Sent dogs down the causeway wi' pans at their tails;
The dykes o' the gardens an' orchards he scaled --
The apples, an' berries, an' cherries he stealed.
Gin a claiserope was cuttit, or pole ta'en awa',
The neighbours declared it was Jock did it a';
Wi' his thum' at his nose, street or lane he ran doun --
A rigwoodie deil was Jean Finlater's loun.

He pelted the peatmen, e'en wi' their ain peats --
Pu'd hair frae their horse tails, then laughed at their
        threats;
An' on Christmas nicht, frae the Shiprow to Shore,
He claikit wi' sowens ilka shutter and door.

We hae chairs in our College for law and theology;
If ane had been vacant for trick or prankology,
Without a dissent ye micht hae votit the goun
To sic an adept as Jean Finlater's loun.

On the forenoons o' Fridays he aften was seen
Coupin' country fouks' carts upside doun i' the Green,
An' where masons were workin', without ony fear,
He shoudit wi' scaffoldin' planks owre their meer.
To herrie birds' nests he wad traivel for miles,
Ding owre dykes an' hedges, an' brak doun the stiles,
Swing on gentlemen's yetts, or their palin's pu' doun;
Tricks and mischief were meat to Jean Finlater's loun.

He vext Betty Osley, wha threatened the law --
Ritchie Marchant wad chase him an' had him in awe;
Frae the Hardgate to Fittie he aye was in scrapes,
An' a'body wondered how Jock made escapes.
Jean said he was royet, *that* she maun aloo,
But he wad grow wiser the aulder he grew;
She aye took his pairt against a'body roun',
For she kent that her Jock was a kind-hearted loun.

At seventeen Jock was a stout, strappin' chiel,
He had left aff his pranks, an' was now doin' weel;
In his face there was health, in his arm there was pith,
An' he learned to be baith a farrier an' smith.
His character, noo, was unstained wi' a blot,
His early delinquencies a' were forgot.
Till the weel-keepit birthday of Geordie cam' roun',
Which markit the fate o' Jean Finlater's loun.

The fire-warks were owre, an' the bonfire brunt done,
An' the crowd to Meg Dickie's gaed seekin' mair fun;
They attackit the White Ship, in rear an' in front --
Took tables an' chairs, whilk they broke an' they brunt.

Jock couldna resist it -- he brunt an' he broke --
Some sax were made prisoners -- among them was Jock;
Ten days in the jail, an' his miseries to croun,
Bread an' water was fare for Jean Finlater's loun.

Jock entered the Life-Guards -- bade Scotland adieu --
Fought bravely for laurels at fam'd Waterloo;
An' his conduct was such that, ere five years had past,
He was made by Lord Huntly, master-farrier at last.
Jean's rent aye was paid, an' she still was alive
To see her brave son in the year 'twenty-five;
An' nane wad hae kent that the whisker'd dragoon
Was the same tricky nickem -- Jean Finlater's loun.

Note: Betty Osley was a sweetie-wife.
      Ritchie Marchant was a Town-serjeant.

36   KITTY BREWSTER

William Cadenhead
1819-1904

She sellt a dram - I kent her fine --
    Out on the road to Hilton.
Afore the door there stood a sign
    Ahint a lairack beltin'.
The sign, to mak it bright and gay,
    Taxed Tinto's best resources,
An ale-stoup and a wisp o' hay --
    'Farin' for men and horses.'
Her dram was good, but O, her ale,
    'Twas it that did her credit.
Aboon a' brewsts it bore the bell,
    An' 'twas hersel' that made it;
Just twa-three waughts o't wi' a frien',
    Out ower a bargain makin',
Wad cheer your heart and light your e'en,
    And set your lugs a'crackin'.
Her yaird had midden-cocks and game,
    And mony a cacklin' rooster;
She was a canty, kindly dame,
    They ca'd her Kitty Brewster.

At brewin' time her mashin' tubs
    Had sic a mauty flavour,
It gar'd the gabs o' drouthy swabs
    Rin ower wi' langin' slaver;
And when the brewst was sweet and new
    It sae slid ower the wizzen
Ye thocht ye war in bliss -- your pow
    Had sic a pleasant bizzin',
And syne she whanged the kebbuck doon,
    And cakes het frae the griddle,
While some blythe chap struck up a tune
    Upon the cheery fiddle;
And Kate hersel' was never sweer,
    If ony ane induced her,
To fit it deftly on the fleer --
    Kind, canty Kitty Brewster.

Her kitchen had a fireplace lairge,
    A deep recess and cosy,
Wad haud a dizzen in its mairge,
    A' canty and jocosy.
This was the place, in winter keen,
    For mony a crack political,
When dykers had their day's darg deen,
    And state affairs were critical;
And they sae managed the debate --
    They couldna been correcker
Had they been Ministers o' State
    Or Chancellors o' Exchequer;
And aye to fill anither jug
    Her Parliaments induced her,
By whisperin' something in her lug
    That pleased kind Kitty Brewster.

Alas the change! Houses like men
    Have just their life to live it;
Kind Kitty's canty but-and-ben
    Is levelled with the divot.
Nae mair o' mashin' maut the smell
    Sets drouthy mou's a-slaverin',
On yon roadside ye couldna tell
    Whaur stood the cosy tavern.
There's naething now but cattle roups,
    And smells o' melted tallow.
Whaur ance war filled the reamin' stoups
    To mony a hearty fellow.
I fear that they their wits wad tine
    Wi' train and locomotive,
The chaps wha ance at Kitty's shrine
    Poured their libations votive.
Kate's brewin' craft and spotless fame --
    For nane have e'er traduced her --
We own when Lily Bank we name
    Conjoined wi' Kitty Brewster.

65

LUMMIE

Alexander Taylor
1805-18??

Ye drunkards far and near, attend!
Nae mair your days in riot spend;
Your ways, ye Sabbath-breakers, mend!
   Swearers, gi'e heed!
To ilka sinner be it ken'd
   That Lummie's deid.

Nane ever sair'd auld Nick sae leal,
Yet gied puir fouk sic lifts o' meal;
Nane ever hame sae drunk could reel
   Frae ilka fair;
Nor crack a joke, nor curse sae weel
   As auld Lumgair.

For fifty years he held the grip,
And never let a mornin' slip;
The foremost aye his coat to strip,
   And curse the idle;
The last at nicht to hang the whip
   Aside the bridle.

But sic a farm as Lummie staid on --
Sic brutes o' horse his billies rade on --
Sic loons to wark as Lummie led on --
   Sic pleughs and harrows --
And sic a way his farmin' gaed on
   Had never marrows.

Owre a' his fields, gang whare ye micht,
On dyke or drain ye couldna licht;
His houses stood upon a heicht,
   Ricket thegither;
He didna fash to haud them ticht
   Against the weather.

Auld broken trams and barrow wheels,
Graip shafts, auld axes, rotten creels,
Moth-eaten presses, rocks and reels,
            Sacks torn and thrummy,
Lay thick to trip the stranger's heels
            That ca'd for Lummie.

Auld buckets wi' the bottoms out,
Kettles that tinkers michtna clout,
Thrawn couple-legs, inch-deep wi' soot,
            Tethers and tubs
Rottin', wi' sticks and strae, thereout,
            Lay i' the dubs.

Haims wantin' cleeks, auld doors and shutters,
Pleuch-stilts, torn brechams, turnip cutters,
Auld crackit harness worn to tatters,
            Ropes, spades and thack,
Trampit by nowte amang the gutters,
            Lay roun' like wrack.

To judge his dwallin' by the shape --
Some hurriet chiel had seized a graip --
Flung divots, clay, stanes, thack, and rape,
            In heaps thegither;
And made a shelter to escape
            Frae stress o' weather.

The gavel-ends were thrawn and sklentit,
The sides were bulged, the roof indentit;
Ye could hae sworn, if placed anent it,
            The auld clay wa'
Had thrice wi' sudden jerk repentit
            When bent to fa'.

A hole to let the reek gang out
Was fittit wi' a timmer spout;
But when the thick peat-reek grew stout
            It filled the bore,
Syne thro' the house it took the route,
            And socht the door.

The floor o' clay was never sweepit;
Black draps frae sooty kebars dreepit;
Whare hens in rows their places keepit,
       Wi' cocks to guard them;
When frae the thack a rottan creepit
       Loud cacklin' scared him.

For ilka hen there was a cock,
And ane was king o' a' the flock;
He answered to the name o' "Jock" --
       A strong game bird;
He would hae torn the e'en frae folk
       At Lummie's word.

Thro' a' the house the poultry trippit;
In ilka dish their heads they dippit,
And ilka crumb that fell was nippit
       Ere it could licht;
Whiles on the tables whare folk suppit
       The cocks would fecht.

A sad gudewife sat i' the neuk,
And muckle wrang she had to brook;
When Lummie gied a glower she shook,
       And leukit douce
Afore a limmer ca'd the cuik,
       That ruled the hoose.

She was a muckle, heezin' soo,
Wi' flabby cheeks and sulky broo;
A snuffy nose hang owre her mou',
       Set on asklent;
Her thick, short neck o' greasy hue,
       Was sidelins bent.

But Lummie lo'ed the towzie quean,
And scandal spread that wouldna screen;
His ain kind wife, wha lang had seen
       Her troubles comin',
Got usage sic as ne'er was gi'en
       To decent woman.

When autumn winds made branches bare,
She hurried frae the guilty pair,
And socht a hame whare her despair
      By few was seen;
When spring returned she wasna there --
      Her grave was green.

To Lummie's door the parson rade,
And knockit like a man weel-bred;
The cuik appeared, took guilt, and fled,
      But Lummie sat,
Dumb glowrin', while the parson said --
      "What woman's that?"

To hear that question thrice repeatit,
Wi' five grim words gart Lummie meet it;
The parson, terrifiet, retreatit
      Wi' hands upliftit;
But Lummie, by the fireside seatit,
      His place ne'er shiftit.

The fast-day cam' -- refused a token,
And warned to mind whase heart he'd broken;
At first he thocht the Session jokin',
      But saw his error,
And cursed them till their knees were knockin'
      Wi' sudden terror.

In winter days when frost was keen,
And nae green hillock to be seen,
The house was 'maist o' hens made clean --
      He weel could spare
To drive a load to Aberdeen,
      And sell them there.

Ae day, when at the Plainstanes sellin',
The cover o' the auld cart fell in;
The air grew darken'd wi' the skellin'
      O' scraichin' chuckies;
And Lummie, dancin' mad, ran yellin --
      "Ye deevil's buckies!"

69

At dizzens hungry tykes were snappin';
Thro' windows, flocks their heads were rappin';
On ilka roof his cocks were clappin'
        Their wings and crawin';
Frae dizzy heichts his hens were drappin',
        And killed wi' fa'in'.

He rung'd the dogs and gart them cower;
And wi' a spring o' sudden power,
He made a noble claucht at fower,
        But miss'd them a';
And, in his hurry, tummlin' ower,
        Row'd like a ba'.

He paid the skaith for windows craved;
Around his head his purse he waved --
"Let Lummie ken -- send word!" he raved;
        "Send him a line
Whene'er ye wis' your Plainstanes paved
        Wi' sterlin' coin."

His mare stood harnessed i' the street,
Snortin', and scrapin' wi' her feet;
He loupit lichtly to the seat,
        And aff she flew --
"My lass," quo' he, "their hides will heat
        That rin wi' you."

He soon was out o' sicht and hearin'
Alang the Brig o' Dee careerin';
The road gat never sic a clearin' --
        Policemen chased,
And ilka crowd they passed was jeerin'
        Their pithless haste.

Alang the turnpike road he ca'd;
Whaever met him thocht him mad!
The hair his bonnet wouldna haud
        In streams was flyin';
"Commaather! weesh! there, there, ye jaud!"
        He keepit cryin'.

Heich ower her head the dubs gaed splashin';
Her muckle shoon the flintstanes thrashin';
Frae ilka hoof the fire was flashin';
                    The strong cart-mare
Sprang furious wi' her driver's passion
                    To reach Lumgair.

The milestanes, dykes, and palin' rails
A' backlins fled; she passed the mails;
The trams gaed up and down like flails,
                    The linch-pin jumpit,
The britchin-cleeks and caddan-nails
                    Like hammers thumpit.

To ilka door the folk cam' flockin';
Frae side to side they saw him rockin';
But spy the colour o' his stockin'
                    They never micht;
And wheels, that seemed to hae nae spoke in,
                    Flash't out o' sicht.

He cleared the Den -- he viewed the bay;
And fair atween him and the Brae,
Kilwhang in peerless beauty lay --
                    "Kilwhang's bewitchin,"
Quo' he, "but this is nae a day
                    To slack the britchin'."

(Kilwhang, that's doomed to watery ruin,
If Tammas Rhymer's weird's a true ane --
Kilwhang -- the auld toun and the new ane,
                    Whare, if ye dwell,
Your neebours ilka thing ye're doin'
                    Maun ken and tell.

Kilwhang, whare mony a gowkit loon
Disdains to benefit the toun
By makin' breeks, or mendin' shoon,
                    Scorns honest wark;
And, flunkey-daft, maun hunker doun
                    To grow a clerk!

71

Kilwhang, whare lawyers thrive sae rare,
And proudly pace the Market Square --
For lawyers black was Lummie's prayer --
      Grim deil pursue,
And hurl them hame, and dinna spare,
        Till hell be fu'.)

He rummel't through Kilwhang like thunder;
Lugs, mous, and e'en grew wide wi' wonder;
The natives ran, till, by the hunder,
      Their tongues hung out;
He left them gaspin', miles asunder,
        In vain pursuit.

As sune's he to Lumgair drew near,
The cuik ran out the news to speir;
The news that Lummie gart her hear,
      We daurna speak;
It made her shortly disappear
        Wi' burnin' cheek.

That nicht -- sic swearin' he took pride in --
Folk fand the house owre het to bide in,
And, blythe of ony hole to hide in,
      Lay waukriffe, hearin'
The roarin' carle, past mortal guidin',
        Dementit swearin'.

The curse, his latest word at nicht;
The curse, his first to hail day-licht;
He slippit cursin' out o' sicht,
      Cam' cursin' back,
And cursin' gaed frae howe to heicht
        Owre a' his tack.

At ilka market whare he stumpit
An eager mob around him jumpit;
In vain the show-folk twanged the trumpet,
      And beat the drum;
For Lummie wi' his cudgel thumpit,
        And dang them dumb.

At ilka stride his mill he rappit;
His breeks for want o' buttons flappit;
His bonnet blue wi' red was tappit,
   But auld and bare;
Doun frae the palsied head it happit
   Streamed lang red hair.

When drouthie farmers, blin' wi' drink,
Aside their seats began to sink,
At ilka waucht, without a wink,
   He toomed a stoup;
Syne doun the table, wi' a clink,
   He gart it loup.

His richt neive steekit owre his head,
He gied his husky throat a redd --
Syne on the left loof, level spread,
   Cam' eident strokes,
As ben the deafest lugs he gaed
   Wi' roarin' jokes.

And yet for a' the spates he took,
A torn-down hash he didna look;
He ne'er was fashed wi' cankert plook
   On nose or broo;
And ne'er when lauchin' had to crook
   A blistert mou'.

In Lummie's days men werena shams --
They hadna shanks like barrow-trams;
Their faces werena wizzent hams --
   Their blood was fresh;
They didna dee wi' drinkin' drams,
   Nor tine their flesh;

Nor were they mannies made for show,
That couldna gi'e or tak' a blow.
They spak' braid Scots wi' ready flow,
   Like honest men;
And what they thocht they werena slow
   To let ye ken.

73

His marrow Lummie never met
At drinkin' whisky cauld or het;
And owre his dram to see him set,
   And hear him yell,
Was something ane may ne'er forget,
   Nor hope to tell.

He jokit fouk that spak' o' death; --
"Gi'e lawyers wark!" quo' he, "Gude faith!
It doesna save the saul frae skaith
   Though wills be written;
It's time aneuch when scant o' breath
   To think o' flittin'."

If near Lumgair, or miles around it,
Unearthly noises whiles resoundit,
Nae man would start and look confoundit,
   Or stand a dummie --
The lug was deaf that ne'er was woundit
   Wi' yells frae Lummie.

When thunder broke wi' startlin' hurl,
And made the verra earth to dirl,
He answered wi' a mockin' skirl
   The loudest crash,
And gart his auld blue bonnet whirl
   To meet the flash.

Whether at hame, or kirk, or fair,
He never tint the swaggerin' air
That said -- "There's only ae Lumgair
   In a' the warl';
And ae gudeman -- what wad ye mair?
   Ye see the carle!"

Wi' cauld sweat on their gloomy broos,
Auld wives would gasp to hear the news
O' Lummie's deeds, while roun' their mous
   Dumb Terror wrocht,
Till Mercy tremblit to jaloose
   Their secret thocht.

Afore their judgment-bar they ca'd him --
Prophetic groans frae bliss outlawed him;
"Him! waur than a' the sons o' Adam --
            Fie, bar the door!
And wag upo' the deil to scaud him
            For evermore.

"Him! Lummie! -- fire and brimstone streamin',
Till hell's black squad frae heat rin screamin' --
The auld grim deil, wi' visage gleamin'
            Glowers doun the trap,
Whare Lummie, sooner than he's deemin',
            Is doomed to drap."

But, strange eneuch, this fearsome chiel' --
While auld wives sent him to the deil --
By younger fouk was likit weel;
            In his auld biggin',
They aye got scouth to rant and reel
            Up to the riggin'.

As keen as ony beardless boy,
He joined them i' their daftest ploy;
And never grudged to mak' their joy
            His hale nicht's wark;
Nor failed them o' a Scots convoy,
            When skies were dark.

When neebours, at their hairst, would spare
Green corn in patches here and there,
The daurin' carle that farmed Lumgair
            Through ripe and green
Gaed hackin' -- whether foul or fair --
            Frae morn to e'en.

And when the last scythe-stroke was gi'en,
He, victor-like was heard and seen
Rejoicin' on a hillock green
            Owre his auld gun;
And a' his loons attendit, keen
            To share the fun.

His gun was oak, wi' iron braced
(Nae man had e'er sae thick a waist)
Upon its timmer carriage placed,
   Frae mony a shot
It backlins ran, wi' red-het haste,
   And reekin' throat.

Its girth and length led louns to doubt
That -- handle aff, and box ta'en out --
'Twas but some ship's auld pump, grown stout
   Wi' iron hoopit --
They saw the touch-hole whare the spout
   Had first been scoopit.

The pouther flashed at ilka roar
On divots dancin' by the score;
Lummie stood gleg to spunge the bore,
   And eager herds
Rammed, primed, and fired, until they tore
   The rustit girds.

But Lummie's day at length grows dark;
A croud, wi' auctioneer and clark,
Gang on as if his verra sark
   They aff would rive,
And leave him neither dog to bark,
   Nor beast to drive.

The roarin' carle grew dowff and dumb,
As if his hindmost hour had come;
The wind that soughed about the lum
   O' his new bield
Concerned him mair than a' the sum
   His roup would yield.

At Fancy's ca', when Reason fled,
His auld companions, lang syne dead,
Cam' back and flockit round his bed --
   He sat and spak',
While baith his hands a-glampin gaed
   Wi' theirs to shak'.

"Come nearer, sirs," he cried, "it's me!
Guid faith, we'se hae a muckle spree --
Fie! licht the lamp and let them see,
   In case they fa';
And here gangs Lummie's last bawbee
   To treat them a'."

He threapit that they werena drinkin';
He swore that he could see them jinkin';
At length he spake o' something blinkin'
   Wi' unco licht;
And, ane by ane, he mourned them sinkin'
   Fast out o' sicht.

He seized, wi' strength that wouldna cowe,
A fathom o' a guid thick tow;
Round baith his nieves he gart it row --
   Has arms he streekit --
Neist moment i' the ingle-lowe
   Twa pieces reekit.

They brunt awa' by slow degrees;
He bent his head atween his knees,
And cried, that out o' ilka bleeze
   The fiends were springin';
And mutter't about leafless trees,
   And dead men hingin'.

A freen that whisper't laigh, but clear --
"It's time the minister were here"
Was answered wi' a bitter sneer,
   An scornfu' glower --
"Think ye that Lummie's gaun to fear
   What gars ye cower?"

His steekit neive, in fury raised,
Fell canny doun; the een that blazed
Grew motionless and horror-glazed;
   He held his breath;
And thankfu' folk said "Guid be praised
   For sendin' death!"

But, gaspin deep, he gied a yell,
Till frae his face the sweat-draps fell
"She mocks me noo," he cried "hersel' --
      See, see, she's comin'!
I'm chokin' wi' the brimstane smell --
      Drive oot that woman!"

In vain frae place to place thay flaw
To scare the phantom that he saw;
In vain the pins alang the wa'
      Were cleared o' claes;
In vain clear-burnin' candles twa
      Shed forth their rays; --

Wi' claspit hands and bristlin' hair,
He hirsled backlins wi' his chair;
The warnin' wraith that nane could scare
      Was nearer seen,
And the grim glances o' despair
      Shot frae his een.

Neist mornin', when nae mortal saw,
He took a tow and hied awa;
A muckle corby near him flaw
      To watch him chokin';
In vain he cursed to scare the craw --
      It keepit croakin'.

It spied him wi' a glancin' e'e --
It skirled his auld hard hands to see
First gird the tow about the tree,
      Syne climb the timmer;
Neist noose his craig, and glower a wee
      Wi' ghastly glimmer.

He heard it croakin' -- "Mercy never!"
And, glowrin' mad, began to shiver;
Thrice in his lug "Ye're mine forever!"
      It screighed and flappit;
"Then tak' me, deevil, and be clever!"
      He screamed, and drappit.

It sat to watch the timmer shak',
And hear the rotten branches crack;
It flew and fasten't in his back,
      Syne in his breist,
And croakit when, wi' visage black,
      His warstle ceased.

Wi' black, unchancy wings outspread,
Three times it circled round the dead;
A wild unearthly sough it made,
      And disappeared.
O that grim bird there's little said,
      But muckle feared.

May, 1857.   AULD STYLE.

38 THE MUCKLE SPATE OF 'TWENTY-NINE

David Grant
1823-1886

*Being some memorials o' the Muckle Spate in auchteen twenty-nine,
as the same exhibited itsel' i' the Howe o' Feugh to the een an'
imagination o' an indwaller i' the Parish o' Stra'an.*

Fytte the First.

Shawin' the oncome o' the spate, alang wi' the general ruction
ensuin' an' the special mishanters occurrin' to the Dyster o'
Dalsack; at Mill o' Clinter; to Ennochie's cluckin' hen; to the fairmer
o' Fytestane; at the Mill o' Stra'an; to the Souter o' Dalbreck; to the
Wyever o' the Strathy; and to the Cairder at Haugh o' Stra'an.

> Tho' I was only but a bairn
> In auchteen twenty-nine,
> The mem'ry o' the Muckle Spate
> Has never left my min'.
>
> We had a byous weety time,
> A week, or maybe mair,
> The eident rain kept pelting on,
> Nae single hoor wis fair;
> An' then for four-an'-twenty hoors
> There followed a doonfa'
> The like o' which, sin' Noah's flood,
> The warl' never saw.
> The thunner rum'lt roon the hills,
> The howes were in a soom,
> We thocht the warl', owergaen wi' age,
> Drew near the crack o' doom;
> We thocht the tulzie wis renew't
> Wi' yon uncanny ban';
> We thocht the deil hed speelt the lift,
> An' got the upper han';
> We thocht the promise wis forgot
> To droon the warl' nae mair;
> We thocht -- we kent na' fat to think,
> Oor heids wi' thocht were sair.

It wis upon a Fiersday nicht,
  As near as I can think,
When this ooncommon ootpoor fell
  Fae skies as black as ink;
And when we raise at skriek o' day,
  In ilka bit ravine,
A reamin' burn cam' rum'lin' doon
  Faur burn wis nane thestreen.
The Feugh cam' rairin' doon fae Birse,
  An' swept the haughs o' Stra'an;
Horse, pigs, an' kye were droon't i' Dye,
  An' sheep by scores in A'an.
An' yarn reels, an' spinnin' wheels,
  An' bowies, cogs, and caups,
An' tables, chairs, an' cutty steels,
  On ane anither's taps;
An' girnels, aumries, washin' tubs,
  An' smuggled whisky kegs;
Cheese, chessils, butter kits, an' kirns,
  An' couple bauks an' legs;
An' divots, thack, an' timmer lums,
  An' rantle trees wi' cruiks,
An' backets, baith for aise an' saut,
  An' racks for plates an' buiks;
An' barn-fans, an' flails, an' fleers,
  An' canasses an' secks;
An' cheeks o' doors, an' doors themsel's,
  Wi' broken ban's an' snecks;
An' firlot measures, corn scythes,
  Wi lang or forkit sneds;
An' harrows, barrows, cairts, an' pleughs,
  An' neep machines an' sleds;
An' skeps o' bees, an' sowen sieves,
  An' skulls, an' tatie creels;
An' reets, an' trunks, an' taps o' trees,
  An' palin' bars, an' deals,
An' sides, an' reefs o' sheds for peats,
  Or sheds for haudin' nowt,
An' hay that steed in soos or colls,
  Or lay into the 'bout;

An' bere an' aits in sheaves or taits,
    Weel haint the simmer through,
Ther'out in rucks or i' the barn,
    Weel biggit in a mow,
And ither things that I've forgot
    Amid sae gryte a steer,
Or winna inter into rhyme
    For crabbit names or queer,
Gaed chasin' ane anither doon
    Far, far ayont oor ken,
For we at hame were bairns a',
    The aul'est barely ten.
And noo my Muse wad no' refuse
    To tell you scores o' things
She notit as by-ordinar',
    But she maun cour her wings;
For sorra tak' that printer chiel,
    He winna listen till 'er;
He tells me that to print her screeds,
    Wud cost a soud o' siller.
So I maun only wyle a fyou,
    An' maybe no' the best,
An' leave till times o' better trade,
    Or never print the rest;
Nor need I wander far abroad,
    For me 'twill be eneuch
To sing fat childish senses grasp'd,
    Alang the Howe o' Feugh.

*   *   *   *

The dyster, like a drookit rat,
    Escapit fae Dalsack,
Wi' naething save his harn sark
    Upon his dreepin' back.
He saved his life an' little mair,
    By perfect speed o' fit,
But lost his shop an' a' his claith,
    His bowies, pots, an' lit.

At Clinter Mill a mealer lay,
  The aits had come fae Knowes,
Unweigh't, unseckit i' the troch,
  As gweed's a dizzen bowes;
Plish-plash the water skelpit in,
  Across the disty fleer,
Owre-lap the troch, an' in a trice
  The mealer wis caul' steer.

*   *   *   *

At Ennochie a cluckin' hen
  Wis sittin' in a kist,
Baith it an' her were sweelt awa'
  Afore the creatur' wist;
We saw her passin' near Heugh-head
  As canty as ye like,
Afore her ark a droonit stirk,
  Ahint a droonit tyke,
An' ran anent her doon the banks
  For half-a-mile or mair,
Observin' that, at ilka jolt,
  She lookit unca scare,
As gin she said within hersel' --
  'Faur ever am I gyaun?
I never saw the like o' this
  In Birse nor yet in Stra'an.
Faur ever am I gyaun, bairns?
  Nae canny gait, I doot;
Gin I cud but get near the side,
  I think I wad flee oot.'
We left her near the Burn o' Frusk,
  An' speculatit lang
Gin she were carri't to the sea
  Afore her ark gaed wrang,
An' may be spairt by Davie Jones
  To bring her cleckin' oot,
Gin she wad rear them like a hen
  Or like a water coot?

*   *   *   *

Twa muckle rucks o' fernyear's aits
　　Wer' stanin' at Fytestane
When Fytie gaed to bed at nicht;
　　He raise, an' there wis nane!
Noo, Fytie wis a gethert carle,
　　Fa weel the loss cud bide;
But yet he lap as he were wud,
　　An' poo't his hair an' cry't --
'We're herrit, wife! we're herrit clean!
　　Faur, faur's the fusky pig?
Oor rucks o' corn are baith awa',
　　An' sae's the timmer brig!'
An' Fytie's Brig, the Lady's Brig,
　　An' mony brigs forbye,
That spate sent rumblin' doon the Feugh,
　　Or doon the A'an an' Dye.
A timmer brig ye wadna seen
　　Faure'er yer fit micht fa',
An' barely ane o' lime an' stane
　　That hedna lost a wa'.

　　　*　　　*　　　*　　　*

At Mill o' Stra'an, the millert's man
　　Wis busy grinnin' aits,
Wi' a' his thochts on Mary Bell,
　　An' nane to spare for spates.
When 'clipper-clapper' flew the mill,
　　As ne'er flew mill afore;
An' helter-skelter gush't the spate
　　Through ilka hole an' bore.
Nae langer noo on women folks
　　Scared Sandy's notions ran,
There wis eneuch o' thochtfu' wark
　　For maister an' for man;
Nor yet for a' 'at baith cud lave,
　　Or dicht, or dem, or close,
Wis ever seen at Mill o' Stra'an
　　So big a caup o' brose.

　　　*　　　*　　　*　　　*

A smatchet o' a lassie serv't
    The souter at Dalbreck,
He lost a dizzen harn sarks
    Through her entire neglec'.
She left them bleachin' on the green,
    Wi' ither claes a curn;
The spate cam' on upo' the nicht,
    An' a' gaed doon the burn.
A wudder souter lingan ne'er
    Through leather tried to rug;
He took the smatchet wi' his neive
    A riesle on the lug.
'Tak' that' quo' he, 'ye careless shard,
    I'se gar ye wear my marks,
Yer trachle for a dizzen years
    Wad no' renew my sarks!'
The sharger sat an hoor an' grat
    Upo' the deece the but
Until her e'en were baith as red
    As collops newly cut.
'I'll tell my mither noo,' she cried,
    'As sure as I'm alive,
She'll gar the souter smairt afore
    The lawwers o' Stanehive.'

                *   *   *   *

The wyever o' the Strathy's leem
    Wis connacht oot-an'-oot,
His wobs o' wincy dawdlt waur
    Nor ony scoorin' clout,
His pirns an' clews, an' worset hesps,
    Beclairtit i' the glaur,
Till 'twud hae taen a clever chiel
    To tell you fat they war,
A dowie man the wyever wis
    When to the shop he comes,
'Preserve's,' he cries, 'the hale concern's
    Nae worth a bunch o' thrums!'

                *   *   *   *

The Cairdin' Mill at Haugh o' Stra'an,
　　The eelie pigs an' woo',
Were ruint, smasht, or sweelt awa',
　　Alang wi' Cairdy's coo.
Fat wye the Cairder an' the wife,
　　Wi' little'ns twa or three,
Got aff wi' life, I dinna ken,
　　An' winna tell a lee;
For tho' I ken that mony ane
　　Fa han'le pen an' ink,
Wad no regaird a lee or twa
　　To gar their story clink,
Yet I am nae romancin' bard,
　　In lees I dinna deal,
But only tell the stories learnt
　　In natur's simple skweel.

　　　*　　　*　　　*　　　*

Fytte the Second.

　Shawin' the mishanters occurrin' to Johnny Joss the Cadger,
Davie Durrit, aul' Willie Wilson, peer Tam McRory, Cammie, my
Sister's lam', an' aul' Meg Mill.

A cadger body, Johnny Joss,
　　Nae far fae Bogendreep,
Lost shawltie, cairtie, creels an' a'
　　At ae unlucky sweep.
The shalt wis droonit at the sta',
　　The cairt washt fae the shed,
An' Johnny made a nar' escape
　　Fae droonin' in his bed;
But aifter a' the splore wis owre,
　　The body, far fae blate,
Contrived to turn to gweed account
　　The losses by the spate.

86

He got a beggin' paper drawn
  By some buik-learnt chiel,
An' beggit Banchory, Birse, an' Stra'an
  An' bits o' Dores as weel;
An' took a soud o' siller up,
  An' when his pouch wis fu',
Crap slyly o'er the Cairn o' Month
  Wi' very sma' ado,
An' took a tackie i' the Mearns,
  An' got a braw gudewife,
An' lived a much respectit man
  The remnant o' his life.
He wadna win in twenty years
  By sellin' stinkin' skate
The half o' fat he got in lieu
  O' losses by the spate.

*   *   *   *

Fae Caulmeer Davie Durrit ran
  The skeely wife to ca',
But ere he got to Bowsie's Haughs,
  The water cover't a'.
He got a horse at Templeton,
  An' boldly ventured o'er;
He cross't the brig, he pass'd the kirk,
  He lan't at Lerachmore;
The skeely wife lap fae her bed,
  An' buskit in a glint.
Douce Davie took his seat afore,
  The skeely wife ahint,
An' Davie got her doon the brae,
  Wi' neither jolt nor jirk,
An' cantily they pass'd the manse
  An' cantily the kirk;
But when they turn't the merchant's shop,
  For a' his canty cawin',
'I wadna gyang across,' cried she,
  'For a' the wives o' Stra'an!
Preserve's! the water's ower the brig,
  An' oot at baith the en's;

Turn back the beast, else I'll loup doon,
 Though I sud brak my banes!'
The ne'er a word douce Davie spak',
 But gae his beast a lick,
An' doon the road, an' owre the brig,
 He plash'd through thin an' thick.
The skeely wife she pray't an' bann't,
 An' grat for fear an' spite;
But ne'er a word douce Davie spak',
 For a' that she could flyte.
Wi' stick an' heel, owre stream an' peel,
 He rade wi' micht an' main,
But to his pairtner's angry words
 He answerin' word gae nane;
Till baith were safe afore his door,
 Then lichtly he lap doon,
'Get aff the beast, gyang in', cries he,
 'An' try an' gie's a loon.
Gyang in at ance, an' ben the hoose,
 It's eeseless noo to fryne;
Sae tak' a dram an' dee yer wark,
 For I'm seer I've deen mine.'
Afore an hoor a loon was born,
 I min' the little'n weel,
A gyangrel at his mither's fit,
 When we were at the skweel.
An' aye the howdie eest to brag,
 Through a' her aifter life,
Hoo bravely she rade through the spate
 To Davie Durrit's wife.

*   *   *   *

Aul' Willie Wilson lost his coo
 An' never got anither,
He left her near the waterside
 A' nicht upo' the tether.
She brak' the tether in a fleg,
 An' clam upon a heugh,
But mist a fit, or took a dwam,
 An' tum'lt i' the Feugh,

She sank into the muckle pot,
　　Aneth the kelpie's stane,
An' afterwards wis swirl't awa', --
　　He lost her skin an' bane.

　　　*　　　*　　　*　　　*

Peer Tam McRory's breedin' soo,
　　Gaed doon the Burn o' Cammie,
A muckle loss, an' sair heart-brak'
　　Baith to the wife an' Tammie,
For they were just expectin' pigs,
　　An' pigs were gey an' dear,
The litter wad 'a paid the rent,
　　An' left a note, or near.

　　　*　　　*　　　*　　　*

O' Cammie's hay gaed doon the Feugh,
　　As gweed's a dizzen stanes,
But for the loss richt weel I wat
　　He made a braw amends.
I maunna say the carlie wrang,
　　He's lost the vital spank,
But troth for weeks he gather't hay
　　Fae Cammie to Deebank.
For ilka stane o' hay he lost
　　'Twas said he gather't ten,
An' aifter a' wis deen declair't
　　He hadna half his ain.
He gethert *up* as weel as *doon*,
　　An' maybe wisna wrang,
For fa cud tell in sic a spate
　　Fat gait their gear micht gang?

　　　*　　　*　　　*　　　*

My sister lost the brocket lam'
　　She got fae Tammie Durrit --
'Twas said she micht 'a got a croon
　　O' gweed fyte siller for it.

Peer silly ted, it brak its string
　　An' ran upo' the brae,
An' saw a sheep come bleatin' doon
　　Upon a coll o' hay.
We didna ken -- it micht 'a thocht
　　The bleatin' sheep its mither,
At ony rate it jumpit in,
　　An' baith were droon't thegither.

　　　　*　　　*　　　*　　　*

But wae's my hairt for aul' Meg Mill,
　　Far kent as 'Birlin Meg',
Fae Persie to the mou' o' Feugh
　　Nane got a gryter fleg.
Her liefu' lane in her wee hoose
　　She span the thread like Fate,
Till splash against her ain kailyard
　　She heard the muckle spate.
'Preserve's! and guide's! fat's this?' cried Meg,
　　'The kelpie seer eneuch!
He's never met wi' sic a spate
　　Sin' ever Feugh wis Feugh;
It's clean owregaen him in his pot,
　　An' fairly forced to flee,
He's come to howff in my kailyard,
　　Or scrammle up a tree.
An' glaid am I the coord'y klype
　　Has got's deserts for ance,
To punish him for fleggin' bairns,
　　An' folks fa live them lanes.
But, safe me! I maun haud my tongue,
　　For gin the klype comes ben,
He'll harl me awa' at ance
　　To Satan's fiery den.'
An' here sic fears assail'd her min',
　　O' kelpie, spate, and deil,
That fae her fingers drapt the thread,
　　An' ceased the birlin' wheel;
Her hairt lap fairly till her mou',
　　An' thumpit like a drum;

She heard anither splash, and thocht
  Her hinner en' had come;
She luiket but, she luiket ben,
  To window and to door,
An' aye she heard the ither splash,
  An' aye the ither roar.
She luik't to window and to door,
  But dared na ventur' oot;
She scrammlt to the rantle-tree,
  An' warstlt i' the soot.
Wi' a' her micht an' main she tried
  To lift the timmer lum,
In hopes o' creepin' through the hole,
  But oot it wadna come.
She cudna warstle through the lum,
  Nor through the divot reef;
O' a' the ills that e'er cam' doon,
  That nicht's were seer the chief.
She reestit o' the rantle-tree
  Till it wis braid daylicht:
Then doon, an' startit for the hills,
  Ye ne'er saw sic a sicht.
'Noo, faur ye gyaun!' quo' Cammie's herd;
  Quo' Meg, 'To Clochnaben;
Rin, laddie, rin, an' leave yer beasts,
  The wardle's at an en'!
The days hev come fan Scriptur' says
  The fouks in toons fa be,
Sall leave their hames an' wor'dly gear,
  An' to the mountains flee.
Rin, laddie, rin, an' dinna stan'
  An' stare as ye were wud,
For Gweed forgie's, the sins o' men
  Hev brocht a second flood.
Rin, laddie, rin to Clochnaben,
  There's nae a glint to spare,
The angels micht rax doon for us
  Gin we cud but get there.'

     *   *   *   *

Shawin' the mishanters occurrin' to Johnny o' Blackness, to
Davit o' the Toll o' Feugh, and to Watch o' Gellan, alang wi' a fyou
concludin' remarks by the author.

The lowe o' love hed fired the hairt
  O' Johnny o' Blackness;
The tryst wis set, an' he maun gang
  To court Achattie's Jess.
The flame that brent within his briest --
  His first for maiden fair --
As fiercely as a rozet log
  On winter hearth did flare.
Nae water's wecht cud droon it oot
  Till it hed droont himsel',
An' he wad mak' his wye to Jess
  Though rain in buckets fell.
His muckle coat wis nearly new,
  His beets were close an' thick,
He hed an airm wi' nerves like thairm,
  A trusty aiken stick;
Wis he to disappoint his Jess
  For show'rs o' simmer rain?
Ae kiss fae her were high reward
  For nichts o' toil an' pain.
An' hoor intil Achattie's neuk
  Wi' Jess upon his knee,
That very nicht his rich reward,
  His taste o' bliss sud be.
Sic thochts as these, sic high resolves,
  In Johnny's min' prevail,
As he in Blackie's kitchen sits,
  An' sups his brose an' kail.
But when he buckles for the road,
  An' comes to cross 'The Burn',
It tak's him mair than oxter deep,
  An' he is fain to turn.
'I daurna gang anither fit,
  'Twere death an' naething less,

I winna risk to droon mysel'
  Nae even for sake o' Jess!'
So Johnny he crap hame agen,
  In spite o' love's desire,
An' hang his dreepin' duds to dry
  Aroon' the chaumer fire.
But sorra tak' the orra man!
  He spread it far an' near,
That Johnny hed set oot to court,
  But turn't agen for fear.
He didna lat ae word escape
  Aboot the awfu' nicht,
But made it seem that Johnny turn't
  For pure an' simple fricht.
The story spread, the story grew,
  It cam' to Jess's ears,
That Johnny cudna come to court
  Because o' ghostly fears.
So slander't Johnny got the seck:
  An' so it cam' to pass,
The millert o' Tillwhillie woo'd
  An' mairret Johnny's lass.
My cousin Joseph made a sang
  To saften Johnny's care,
An' I'll insert a copy here,
  For copies noo are rare.

  Sang -- 'Dowie Johnny.'

'The laverock's liltin' i' the lift,
  The mavis i' the tree,
An' gatherin' gear wi' eident thrift,
  I hear the honey bee.

'Fae hill an' dale an' leafy wood
  Delightfu' ditties ring;
Auld Nature, in her blithest mood,
  Rejoicin' i' the spring.

93

'But foo do I, alang the Feugh,
  Sae sadly, lanely stray,
An' think o' loupin' owre a heugh,
  Like honest Duncan Gray?

'Like honest Duncan I've been cross't,
  An' cross't in love fu' sair!
For me my Jessie's hairt is lost,
  An' lost for evermair!

'The disty millert he's the loon
  That's stown my gem awa';
O' a' the ills that e'er cam' doon
  Nae harder ill cud fa'!

'My early love, my only ane,
  That I believed sae true!
O gin I were a bairn again
  I think I wad boo-hoo!

'I weel cud greet, I weel cud ban,
  But that sall never be;
Whate'er his ills, a manly man
  Wi' dauntless hairt will dree.

'I'll wuss the millert luck o' Jess,
  An' whistle care awa';
The back o' ane may noo distress
  But prove the face o' twa.'

*   *   *   *

The tollman at the Brig o' Feugh,
  He like't the drappie weel,
The night afore the spate he drank
  Till he fell owre the steel.
For souter Spriggs and tailor Twist
  Hed ca'd to 'weet their mou',
An' they an' Davit teem't the stoup
  Till a' the three were fou;
An' Davit, when his cronies left,
  Aneth the table sank,

But for his nose ye micht 'a thocht
  He'd lost the vital spank.
His wife's attempts to wauken him
  Owercam' her skill and mettle,
So wi' an unco fecht she row't
  An' trail't him to the settle.
An' then her tartan plaid she threw
  Abeen the snorin' sot,
An' wi' a grunt or twa aboot
  'The hardness o' her lot,'
She fill't the eelie lamp wi' oil,
  Pat in a rashen wick,
Made doors an' windows but an' ben
  As fest as they cud steek,
Pat i' the fire a risten-clod,
  Drew up the aise atap,
Then slowly up the stairs to bed
  Wi' weary steps she crap.
She gaed to bed, but nae to sleep,
  For aye the rain cam' doon,
An' aye the Feugh gaed rairin' past
  Wi' lood an' looder soun',
Abeen the brig, abeen the brae,
  Up to the window sole,
The water raise, an' filter't in
  At ilka cranny hole.
The water roun' the settle plashed
  An hoor ere brak o' day;
The tollman wauken't up an' bawl't --
  'Fair play! my boys, fair play!
I winna drink anither drap!
  My head is like to rive,
An' gin ye jilp it doon my throat,
  Then you an' I will strive.
An' mair nor that, ye've droon't the drink;
  The fushion o't is oot.
It's caul', it's weak, it's waur, I say,
  Nor water fae the spoot.'
Aul' Eppie here cam' doon the stair
  Else Davit had been droon't,
An' when she saw the state o' things,
  In fac' she nearly swoon't.

95

'O Davit, we're in sic a spate
    As never yet cam' doon!
Come up the stair, ye senseless gowk,
    Unless ye want to droon.
Ye drunken, doitet ne'er-do-weel,
    Come up the stair at ance!
Ere I come at ye wi' a rung
    An' brak yer lazy banes!
Fat ever keeps ye ficherin' there?
    Ye're either fey or daft;
Gin there be safety i' the hoose
    It's i' the eemest laft.
That I wis left to mairry you --
    O weary fa' the day!
But yet I dinna want ye droon't --
    Ye're a' the man I hae!'
An' there, owermaister't by her grief,
    A tear ran doon her nose;
She micht 'a ventur't to the deece,
    But Davit, pechin', rose,
An' stoitet forret, sair perplex't,
    Through water three feet deep,
Scarce kennin' gin he wis awauk
    Or dreamin' fast asleep,
Till Eppie got him by the tap
    An' pu't him up the stair.
Quo' Davit then, 'I'm wauken't, wife,
    Lat go my puckle hair!
I'm wauken't, wife! lat go my hair!
    Ye're lowsin't at the reet!'
Quo' Eppie than, 'Come up the stair,
    Ye gweed-for-naething breet!'
Nor farther sall the Muse relate
    Fat passed atween the pair,
But neepers always blamed the spate
    For thinnin' Davit's hair.

*   *   *   *

Peer breet, the dog o' Gellan gaed
  Wi' Tam to Brig o' Feugh,
He spies a stick come soomin' doon,
  Ae word fae Tam's eneuch,
An' in springs Watch to fetch the stick,
  An' tulzies lang an' sair,
But in a swirl he sinks at last,
  We saw him never mair.
A dowie, dowie loss to me
  An' to my brither Joe,
I do believe 'twis full a raith
  Ere we owercam' the blow,
For aye when we to Gellan gaed
  Peer Watch wis at the door,
An' waggit's tail an lickit's chafts,
  An' gambols made galore,
As gin he wud 'a said, 'Step in,
  I'll follow gin ye please,
An' eat the mealocks ye lat fa'
  Fan ye get bread an' cheese;
For bread an' cheese ye're sure to get,
  A drink o' milk as weel,
An' mealocks ye'll lat fa' for me,
  Else I hae tent my skeel.
Step ben the hoose; yer auntie's in,
  An' sae's yer cousin Bell;
They're i' the kitchen trockin' baith,
  I saw them there mysel'.
Step in, my bairns, an' get a piece;
  At Gellan we hae raff'.
Tak' doon the aul'est kebbock, Bell,
  An' cut them knievlocks aff.'
Nae wunner then that Joe an' I
  Owre Watch made muckle main,
An' mis't him sair at Gellan's door
  When we gaed back again.

*   *   *   *

But still the spate made some amends, --
  We captured troots an' eels,
An' noo an' than a protty grilse
  For weeks amo' the peels.
Fae brak o' day till fa' o' nicht
  Alang the haughs we ran,
An' skelpit barefit i' the peels, --
  O sirs, but it wis gran'!
Ye sud 'a seen us wade an' plash,
  An' heard oor shouts ring oot
When we espy't a siller grilse,
  Or muckle yallow troot.
O sirs, it gars me haud my head,
  To think upo' the time;
It chokes my voice, it blin's my een,
  It drives me aff my rhyme.
An' sae sic samples maun suffice,
  For mair ye maunna luik,
Since ane fa scarce can sing a sang,
  Wud ill mak' up a buik.
'Sic samples,' faith, I fear my Muse
  Has run at railway speed,
An' fyou her 'samples' may peruse,
  An' fyouer buy her screed.
An' sae I'll en' as I began --
  In Scotland's boun's sin' syne,
We hinna hed anither spate
  Like auchteen twenty-nine.

*   *   *   *

THE SOUNIN' O' THE KIRK

David Grant
1823-1886

*Being some account of that ceremony as the same took place during the
Restoration of the Parish Church of Bobbintap, in the year 18--.*

Pairt the First.

It fell aboot the tail o' hairst --
  The year we needna min' --
The craps were maistly i' the yard,
  But still the days were fine.
The clover an' the aiftergirse,
  The neeps an' kail were green;
An' nicht by nicht, wi' siller licht,
  Sailed roon the hairvest meen.
The fairmer and the fairmer's man
  Alike were blithe an' gay,
Rejoicin' in the walie craps
  O' barley, aits, and hay.
A mair contented peasantry
  Than we o' Bobbintap,
There wisna then, there isna yet,
  On natur's ample lap.
An' I aver oor pairis' folks,
  Sin' ever Dee has run,
Surpass'd by nane in human ken
  For hairmless, rural fun.
For pipers, an' for fiddlers, we
  Hed aye a gryte renoon;
An' we could improveese a dance
  At ilka ither toon.
For weel oor lads an' lasses kent
  The gait to fit the fleer;
An' mairrit men an' wives, I wat,
  To join them werena sweer.
A minister o' Bobbintap
  Composed a canty spring;
An' he fa figures in this tale
  Cud ance hae danced a fling.

But at the time whereof we treat
  His health began to dwine,
Or fechts wi' non-intrusion faes
  Hed kin' o' soor't his min'.
At onyrate the honest man
  Hed learnt to luik askance,
An' fae the poopit set his ban
  Upo' the 'midnicht dance.'
But vainly did he sermoneese,
  An' warn us to amend;
For only time himsel' cud change
  A custom sae engrained.
Oor youngsters sware they werena born
  To be a parson's thralls,
Nor wis there i' the Catechis'
  Ae word forbiddin' balls.
King Dauvit danced wi' a' his micht
  Afore the holy ark;
Fat hairm did they to shak' a fit
  In frolic aifter dark?
Atween oor minister an' us
  Nae ither feud wis kent,
Nor half a dizzen o' oor folks
  To non-intrusion leant.
Though "brimstone Johnny" fyles cam' roon,
  An' didna spare his breath
To prove to us faur 'Moderate' souls
  Were sure to gang at death,
We disbelieved in Johnny's richt
  To fix oor future lot,
An' to oor nain aul' Pairis' Kirk
  We kept oor nain jog-trot.
But yet the non-intrusionists
  Made nae a little soun',
An' braw new kirks sprang faist and thick
  Throughoot the country roun.
Oor kirk hed but an earthen fleer,
  The seats were black an' rough,
Agen the wa' the poopit leant
  A big uncomely trough.
In fac', we a' began to feel
  Oor kirk wis sic a place

As ane cud hardly sit intil
  An' think o' heavenly grace.
An architec' fae Aberdeen
  Condemned the hale affair,
An' forced the grippy lairds, at last,
  To set aboot repair.
So aifter mony pros an' cons,
  They sattl'd to provide
A partial riggin' for the Kirk,
  An' wholly new inside.
The sclaiters, plaisterers, an' vrichts --
  Fa hed the job in hand,
Were boordit roon aboot amon's,
  An' soudert wi' us gran'.
'A set o' hairty, harmless chiels,'
  My mither eest to say,
'Aye ready for the sport at nicht,
  An' for their wark by day.'
The tane wad tell a funny tale,
  The tither sing a sang,
An' fyles at Allan's owre a gill
  An evenin' wisna lang.
Fleet flew the days, an' merry nichts;
  The tail o' hairst cam' roon;
The riggin' steed upo' the kirk,
  The timmer fleer wis doon.
Losh, sic a splendid dancin' fleer!
  Sae smooth, sae lang, sae braid!
The thocht flashed through ilk gazer's min',
  An' wadna rest unsaid.
At first we only hintit it
  In whispers to oor joes;
It spread till reverend grannies felt
  A twinklin' i' their toes.
O were the minister fae hame,
  Or faur he cudna hear,
A hunner pairs o' nim'le feet
  Sud trip that walie fleer!
But wae's my hairt, the manse wis close,
  Sae close to the kirkyaird,
That fae the kirk in seelent nicht
  A whisper micht be heard.

Na, na, we needna think upon't,
  A chance we wadna get
Upo' that walie, temptin' fleer
  A dancin' fit to set.
Fan last, faur least expectit, cam'
  To us a helpin' han',
Fae fa but just fae Robbie Reid,
  The minister's nain man?
For Robbie an' the minister
  Hed neither o' them wives,
An' they hed been like heft an' blade
  The feck o' baith their lives.
Fan Robbie first cam' to the manse,
  Then Geordie, but a bairn,
Wis aften danced on Robbie's knee,
  An' nursed wi' kind concern.
Fan George a stoodent cam' fae toon,
  Forfochen wi' his buiks,
'Twis Robbie Reid fa got him wan's,
  An' buskit's trootin' huiks.
Fan George becam' the minister,
  An' Robbie Reid the man,
Then Robbie took the minister
  An' pairis' baith in han'.
The pairis', minister, an' glebe,
  He tentit day an' nicht,
An' in his nain opinion kept
  'The hale hypothec richt.'
An' 'twis the minister himsel'
  That sairest taxed his skeel,
'He'll sit,' quo' Robbie, 'at his buiks
  Until he's rael unweel;
An' fan he gangs faur buiks are sell't,
  He aye brings hame a box,
An' then I scarce can get him oot
  To catecheese his folks;
He's sae neglectfu' o' his health,
  That, scholar though he be,
Ye wadna hae 'im lang the fore
  Gin it were no for me.'
Noo, fan the kirk wis in repair,
  The minister thocht weel

To gie his non-intrusion faes
  A lick o' learned skeel.
'Tis no for me to criticeese
  The product o' his brain,
But in a saxpence pamphlet he
  Showed up their errors plain.
Five hunner prentit samples o't
  Made nae a little steer,
The el'ers gat a copy each,
  An' read it far an' near.
The paper folks fa prentit it
  Declared that it was gran';
An abler champion hedna taen
  The Moderate cause in han';
He'd rattled blows upon his foes
  Like show'rs o' winter hail,
Nor for attack ae single chink
  Hed left in a' his mail.
An' nae a non-intrusion birk
  Durst ventur' a reply,
But took the wiser coorse, to 'jook,
  An' lat the jaw gang by.'
Fat wye they wan abeen the blow
  Is mair than I can tell,
For troth the sair recoil upset
  The minister himsel'.
Ye may be sure fan Robbie Reid
  Observed his maister's case,
He wisna slow to speak his min'
  Afore his maister's face.
' 'Deed, sir,' quo' he, 'ye're far fae weel,
  That buik has worn ye oot;
Yer legs hae grown like windle-straes,
  Yer face as fyte's a cloot.
'Deed, sir, ye maun gyang to the sea --
  At onyrate fae hame --
We'll dee withoot ye for a month,
  Or else it were a shame.
The pairis' sall be luikit till,
  We'se try an' keep it richt,
An' nae ae non-intrusion gled
  Sall ventur' to alicht.

As for oor folks aboot the manse
  Ye needna fash yer head;
For ilka nicht I'se gether them,
  An' hae a chapter read,
An' gi'e them o' the Sunday nichts
  A mou'fu' o' a prayer,
For till the craps are sattlt up,
  I daurna promise mair.'
An' so the minister agreed
  To gyang a month awa;
An' like a glint o' mornin' licht
  The welcome tidin's flaw.

Pairt the Second.

Like wil'fire ran the welcome news,
  But only the selec'
Were warnt anent the dancin' ploy,
  An' bid be circumspec'.
For though the shepherd wis awa,
  We kent that Robbie Reid
Wad mair intently watch the flock,
  An' bark on triflin' need.
But Robbie hed a failin', sirs --
  Fat mortal man is free? --
Which micht be turned to oor accoont,
  An' *wis*, as ye sall see.
Amo' the joiners wis a chiel,
  They ca'd him Willie Ogg,
There wisna, amo' a' the lot,
  A smairter, droller dog.
He gaed a-coortin to the manse,
  A deemie, Effie Dean,
An' he'd contrived, o' Robbie Reid,
  To mak' an unco frien'.
For aft at Allan's i' the late
  They drank a cosy gill,
An' fan the lawin' cam' to pay,
  The paymaister wis Bill.
'Twis nae that honest Robbie Reid
  Wad drink awa his senses,

Or sit in public-hooses lang,
  At ither folk's expenses.
But jist ae gill, or maybe twa --
  Nae mair, upo' my oath --
He likeit weel, an' better still
  Fan he cud drink for noth'.
This weakness Willie hed observed,
  An' made it serve his job
Sae weel, that he cud Robbie drive
  As Robbie drove 'the cob'.
The nicht the minister left hame
  The trusty cronies met,
An' aifter Robbie hed described
  The minister's ootset,
Quo' Willie, 'Robbie, ring the bell,
  An' I will pay oor shot,
For we've a deal o' work on han',
  An' therefore I maun trot.'
'Fat's a' yer hurry, Willie, man?'
  Quo' Robbie wi' a smirk;
Quo' Willie, musingly, 'Ye see,
  We're gaun to soun' the kirk.'
'To soun' the kirk? Fat sorra's that?'
  Spier't Robbie, sair perplext,
Fauron his waggish neeper thus
  Enlarged upon his text:
'Ah, weel, fan we prepare the seats,
  Afore we lay them doon,
We tak' the pitch throughoot the kirk,
  An' rectifee the soun'.
The human voice oor "cork" believes
  The only sicker test,
An' we hae yet to single oot
  An' fix upo' the best.
We wadna fash the minister,
  Because he wisna weel,
Besides, to ask for ooter help
  Wad argue want o' skeel;
An' that oor foreman wadna like,
  He's soun'it kirks himsel';
He has an ear as gleg's the tod's,
  His voice is like a bell.

The gamut o' the human voice
  Nane better kens than he,
He says it rins fae A to Z,
  Instead o' A to G.
He means to mak' a buik upon't,
  Fanever he has time;
I've seen a sample o' the work,
  An' think it's really prime.
This week he says we maun decide
  Upon a soun'in' choir,
An' fifty voices at the least
  Is fat we will require.
Fae fifteen up to thirty-five
  The human voice is best,
As skeely men hae ascertained
  By mony a clever test.
An' so o' lads an' lasses roun'
  We'll need a score o' pairs,
To len' their voices for a nicht,
  An' oors alang wi' theirs.
Though sometimes fan a kirk wis new,
  Or in a muckle toon,
I've kent us hae a hunner pairs
  To rectifee the soun'.
A hunner pairs fae set o' sun
  Till mornin' dappled grey;
For aye the job tak's place at nicht, --
  It winna work by day.
An',' added Willie, undisturbed
  By conscientious qualms,
'We try the pitch by ither means
  Than singin' hymns an' psalms:
By means that some micht think profane,
  An' some declare absurd;
But these are secrets o' the trade,
  An' need the joiner-word.'
In wide-mou'd wunner Robbie sat,
  While Willie swall't his head;
Nor did he ventur' ae remark
  Fan Willie's say wis said;
But ere they pairtit promise gae,
  To keep the maitter dark.

For Willie said, 'The like o' us,
  Engaged aboot the wark,
Are boun' to tak' a solemn oath,
  That ne'er to man or maid
Sall we say ocht to jeopardeese
  The secrets o' the trade.
An' Robbie, man, I've tell't ye mair
  Nor fat I sud hae deen,
Because I've come to reckon ye
  A maist especial frien'.'
Fan Willie tell't us fat hed passed,
  We thocht his plans wad work;
An' mony a lauch we took aboot
  'The sounin' o' the kirk.'
We made a secret o' the nicht
  On which we were to meet,
An' never breathed that we wad soun'
  The kirk wi' dancin' feet.
At last the arrangements were complete;
  The fatefu' evenin' cam',
An' Willie Ogg gat Robbie Reid
  To Allan's to a dram;
An' fyles he egged him on to speak,
  An' ither fyles to drink,
Till Robbie first began to glower
  An' neist began to blink;
An' than wi' drunken gravity
  O' step, an' speech, an' face,
He staggered oot an' hame to bed,
  For fear o' waur disgrace.
While slumbered Robbie o' the manse,
  Forgetfu' an' forgot,
His fellow-servants donned their braws
  An' joined oor merry lot.
Baith Effie Dean an' Janet Thow,
  As soon's the coast was clear,
Anent their pairtners i' the kirk
  Were timmerin' up the fleer.
That walie fleer! A better ne'er
  For sic a splore wis laid!
That fleer wis fifty feet in length
  By sax-an'-thirty braid!

107

While fae the forebriest o' the laft
  Faur noo the seats were doon,
Three bows fae well-accordit strings
  Drew nae uncertain soun'.
As for the dancers -- ye may guess
  They werena sweir nor slow
To beat the tunefu' measures oot
  Wi' nim'le heel an' toe;
For ruddy health an' soople limbs
  An' hairts an' speerits licht,
An' love an' bravity combined
  To glorifee the nicht.
O days o' health! O hopes o' youth!
  O powers o' love! how ye
Uplift the load o' human care
  An' gar the minutes flee!
'Twis twal' o'clock, 'twis ane o'clock,
  'Twis near the chap o' twa,
Fan, on a sudden, at the door,
  A weel-kent face we saw.
Then legs uplifted, paraleezed
  In middle air remained,
An' feet upo' the fleer were there
  By leaden fetters chained.
The blithesome blink o' beauty's e'e
  Becam' a stony stare,
An' sank in silence on the strings
  'The merry lads o' Ayr.'
That face, it wis the minister's,
  An' ne'er sin' I wis born
Hae I encountered sic a luik
  O' sorra, wrath, an' scorn.
Wis it the minister indeed,
  Or wis it but his ghaist,
Enraged to see the kirk profaned,
  An' pairis' folks disgraced?
O cud the worthy man be dead,
  And noo -- strange tale o' fear,
His ghaist, because o' oor misdeed,
  In livin' shape appear?
Short time hed we to speculat'
  On superhuman sichts,

Afore the voice o' Willie Ogg
  Cried, 'Men, pit oot the lichts!'
Nor swifter does the stormy clood
  Drive owre the siller meen,
Than Willie's order was obeyed,
  An' darkness ruled the scene.
And whether man or ghaist had come
  To frown on oor exploit,
Be seer we didna stop to speir,
  Nor ane on ane did wyte.
The vera lasses for themsel's
  Were left at first to shift,
Deil tak' the hinmost, aff we flaw
  As faist as legs cud lift.
O sic a scene! -- I'll leave my frien',
  The clever painter birk,
To mak' a pictur' o't, an' ca't
  'The scalin' o' the kirk.'
Ye'll speir fat wye the minister
  Cam' hame at sic a time,
To catch us at a ploy to him
  But little short o' crime?
Aweel, he hed been socht to preach
  For some ane i' the toon,
An' wantit will or else convene
  To write a sermon doon;
An' chancin' on a neeper's gig
  To leave him at the gate,
To fetch a sermon he hed come,
  An' landed i' the late.
Ye'll maybe speir fat vengeance fell
  On oor unhaly heads,
An' gin we lap the pairis' boun's
  To sleep in peacefu' beds?
Vexed to hae vexed the minister
  Were we, ye needna doot,
An' scared eneuch lest he sud come
  To fin' the fauters oot;
But yet we kent he hed been dazed,
  Wis far fae gleg o' sicht,
An' got but just a glimmer o's
  Afore he tint the licht;

109

An' gin we oor partic'lar names
  Cud fae his Reverence hide,
The general wallop o' his tongue
  We cheerfully wad bide.
But gled eneuch am I to say
  It wis oor lucky lot
To fa' withoot mishanter mair
  Into the aul' jog-trot.
Faur we hed feared a lion fierce,
  We fand a peacefu' lam'.
The minister his sermon took,
  An' gaed the gaet he cam.
For wechty reasons o' his nain
  He leet the maitter drap,
An' closely we oor counsel kept,
  We fowk o' Bobbintap.

Anon.

As I gaed doon by Strichen toon,
    I heard a fair maid mournin',
An' she was makin' sair complaint
    For her true love ne'er returnin'.
On Mormond Braes whaur heather grows,
    It's aft times I've been cheery,
On Mormond Braes whaur heather grows,
    It's there I lost my dearie.

        Sae fare ye weel, ye Mormond Braes
            Whaur aft times I've been cheery,
        Fare ye weel, ye Mormond Braes,
            For it's there I lost my dearie.

Oh, I'll put on my goon o' green,
    It's a forsaken token,
An' that will let the young lads ken
    That the bands o' love are broken.
There's mony a horse has snappert an' faan,
    An' risen an' gaen fu' rarely,
There's mony a lass has lost her lad,
    An' gotten anither richt early.

        Sae fare ye weel, etc.

There's as guid fish into the sea
    As ever yet was taken,
I'll cast my line an' try again,
    I'm only ance forsaken.
Sae I'll gae doon to Strichen toon
    Whaur I was bred an' born,
An' I will get anither sweethert,
    Will mairry me the morn.

        Sae fare ye weel, etc.

Note: One of the versions of this old song has been
    attributed to Dr. Alexander Gavin.

Anon.

At Mill o' Tifty lived a man,
    In the neighbourhood o' Fyvie;
Wha had a lovely daughter "Nan,"
    Was aye ca'd bonnie Annie.

Her bloom was like the springing flower,
    That hails the rosy morning,
With innocence an' graceful mien
    Her beauteous form adorning.

Lord Fyvie had a trumpeter
    Wha's name was Andrew Lammie;
He had the art to gain the heart
    O' Mill o' Tifty's Annie.

Handsome withal, both young an' tall,
    His like was nae in Fyvie;
Nor was ane there that could compare
    Wi' this same Andrew Lammie.

Lord Fyvie he rade by the door,
    Whar livèd Tifty's Annie,
His trumpeter rade him afore,
    E'en this same Andrew Lammie.

Her mother to the door cried Nan,
    "Come here to me my Annie;
Did ever you see a prettier man
    Than this trumpeter o' Fyvie?"

She naething said but sighed fu' sad --
    Alas for bonnie Annie!
She durstna own her heart was stown
    By the trumpeter o' Fyvie.

At night when they to bed did gae,
   A' slept fu' soun' but Annie;
Love sae oppresst her tender breast,
   Wi' thoughts o' Andrew Lammie.

"In thought love comes to my bedside,
   An' love lies down beyond me;
Oh! love like mine is sair to bide!
   An' love will waste my body.

"The first time I my love did meet
   Was in the woods o' Fyvie;
His bonnie face and speech sae sweet
   Soon gained the heart o' Annie.

"Whan he did ca' me Mistress. 'Na'
   Said I, 'I'm Tifty's Annie.'
Wi' apples sweet he did me treat,
   An' kisses saft an' mony.

"It's up an' doon in Tifty's den,
   Whar the burn rins clear an' bonnie,
I've aften gane to meet alane
   My bonnie Andrew Lammie."

But now some word her father heard
   That the trumpeter o' Fyvie,
Wi' cunnin' art had gained the heart
   O's daughter, bonnie Annie.

Her father soon a letter wrat,
   An' sent it on to Fyvie,
"My daughter is bewitched, I wat,
   By your man Andrew Lammie."

Then up the stair his trumpeter
   Lord Fyvie callèd shortly,
"Pray tell me, loon, what's this you've done
   To Tifty's bonnie Annie?"

"In wicked art I took nae part,
 Nor therein am I canny;
True love alane the heart did gain
 O' Tifty's bonnie Annie."

Oh wae betide auld Tifty's pride --
 For pride has ruined mony;
He'll no hae't said, that she su'd wed
 The trumpeter o' Fyvie.

"Whar will I find a boy sae kind,
 As will carry a letter canny,
An' will rin roon to Tifty's toon,
 An' gie't to my love Annie?"

"Here will ye find a boy as kind
 As carry your letter canny;
An' will rin roon to Tifty's toon,
 An' gie't to thy love Annie."

"Tho' Tifty he has daughters three,
 Wha are a' wondrous bonnie,
Ye'll ken my love o'er a' the lave,
 Gie this to bonnie Annie."

"It's up an' doon in Tifty's glen,
 Whar the burn rins clear an' bonnie,
If thou wilt come, I will atten',
 For, love, I lang to see thee.

"Or, come thou to the brig o Skeugh,
 An' there will I meet wi' thee,
Our promise true we'll there renew,
 Afore I gang an' lea'e thee."

"My love, I'm boun' to Embro toon,
 I for a time maun lea'e thee."
She sighèd sore but said no more
 Than "Oh! that I were wi' thee."

"If ye'll be true, an' constant too,
  As I am Andrew Lammie,
I'll wed thee when I come again
  To see the howes o' Fyvie."

"I will be true and constant too
  To thee, my Andrew Lammie;
But dead I'll be, ere again ye see,
  Your Tifty's bonnie Annie."

"A bridal gown I'll buy to thee,
  My love, I'll buy it bonnie."
"But soon my bridal bed will be
  In the green kirkyaird o' Fyvie.

"My time is gone, and now I fear,
  My love, that I maun lea'e thee;
For if we linger langer here,
  My father he might see me.

"For ever, noo, I bid adieu
  To thee, my Andrew Lammie;
Ere ye come, I know, I'll be laid low
  In the green kirkyaird o' Fyvie."

He on the head o' the castle stood --
  The high house tap o' Fyvie --
He blew his trumpet shrill an' loud,
  'Twas heard at Mill o' Tifty.

Her father, the toon at e'en gaed roun'
  To lock the doors fu' canny,
An' whan he heard the trumpet soun',
  Said, "Yer cow is lowin', Annie."

"My father dear, I pray forbear,
  Reproach nae mair your Annie,
For that cow's low I'd rather hear
  Than hae a' the kye in Fyvie.

"I wadna for my braw new gown,
  An' a' yer gifts sae mony,
That it were tauld in Fyvie roun',
  How cruel you are to Annie.

"But if you strike me, I will cry,
  An' gentlemen will hear me,
Lord Fyvie will be ridin' by,
  An' he'll come in an' see me."

Just then Lord Fyvie came in by
  An' said, "What ails thee, Annie?"
"It's a' for love; noo I maun die
  For bonnie Andrew Lammie."

"Now, Mill o' Tifty, pray agree,
  An' let your daughter marry;"
"'Twill be wi' ane o' higher degree
  Than the trumpeter o' Fyvie!"

"Gin she war come o' blood as high
  As she's o' peerless beauty,
It's take her to myself would I,
  An' mak' her my ain lady."

"Tho' wide the boun's o' Fyvie lands --
  An' oh! they're wondrous bonny --
I wadna leave my ain true love,
  For a' the lands o' Fyvie."

Her cruel father strak her sair,
  As also did her mother;
Her sisters mocked her, late an' ear',
  But wae be to her brother;

Her brother strak her wondrous sore,
  Baith cruel strokes an' mony;
An' brak her back at the ha' door,
  For likin' Andrew Lammie.

116

"Alas! my father and mother, you
    Are cruel to your Annie;
Wi' love my heart was broke, an' noo
    My brother braks my body.

"Oh, mother!" she said, "ye'll make my bed,
    An' lay my face to Fyvie,
Thus will I lie, thus will I die,
    For my dear Andrew Lammie.

"Ye neighbours a', baith far an' near,
    Now pity Tifty's Annie,
Who dies for ane that she lo'es dear,
    My bonnie Andrew Lammie.

"Nae kind o' vice my life e'er stain'd,
    Or hurt my virgin honour;
By love my youthfu' heart was gain'd
    But death will me exoner."

Her mother then her bed did mak',
    And laid her face to Fyvie;
Her tender heart wi' grief did brak' --
    She died for Andrew Lammie.

Lord Fyvie wrang his hands an' said,
    "Alas for Tifty's Annie;
By love's cut down the fairest maid
    That ever bloom'd in Fyvie.

"Oh! wae betide auld Tifty's pride,
He might have let them marry;
I wad hae gi'en them baith to bide
    Within the lands o' Fyvie."

Her father now does sore lament
    The loss o' his fair Annie;
An' wishes he had gi'en consent
    To her weddin' Andrew Lammie.

Her mother grieves both ear' an' late,
    An' sisters baith that scorned her;
Sairly her brother feels regret
    For the cruel usage gi'en her.

When Andrew hame frae Embro came,
    Wi' muckle grief an' sorrow,
"For love o' me did my love die,
    For her I'll die tomorrow.

"I'll gang alane to Tifty's glen,
    Whar the burn rins clear an' bonnie,
Wi' tears I'll view the brig o' Skeugh,
    Whar I last saw my Annie.

"Then wend toward the green kirkyaird,
    The green kirkyaird o' Fyvie,
My tears I'll shed whar my love's laid,
    Till I follow my bonnie Annie."

Ye parents grave, who children have,
    In guidin' them be canny,
Tak' kindly tent, lest ye repent,
    Remember Tifty's Annie.

Note: Tifty's Annie was Agnes Smith who died
        on 19th January, 1673 and is buried
        in Fyvie Churchyard.

John Burness
1771-1826

A legend of the Castle of Fiddes.

"A Tale o' the times that are past,
The deeds o' the days that are gane,
Fan goblins, abroad i' the blast,
At midnight made horrible mane.
Fan knowledge, in cloisters confin'd,
Was kept by the clerical crew,
The people, priest-ridden an' blind,
Believ'd sic absurdities true."
                              The Lamb Leader.

In ancient times, far in the north,
A hunder miles ayont the Forth,
Upon a stormy winter's day,
Twa men forgather'd by the way;
An' as they had some piece to gang,
To keep the time frae seeming lang,
They did agree to gang thegither,
As company to ane anither.
Ane was a sturdy bardoch chiel,
An' frae the weather happit weel
Wi' a mill'd plaiden jockey coat;
An' eke, he on his head had got
A Thrummy Cap, baith large and stout,
Wi' flaps ahint (as weel's a snout),
Whilk buttoned close aneath his chin,
To keep the cauld frae cummin' in;
Upon his legs, he had gamashes
Which sogers ca' their spatterdashes;
An' on his hands, instead o' glo'es,
Large doddy mittens, whilk he'd roose
For warmness; an' an aiken stick,
Nae very lang, but gey an' thick,
Intil his neive, he drove awa',
An' car'd for neither frost nor sna'.
The tither was just the reverse,
O' claise an' courage baith was scarce;

119

Sae in our tale, as we go on,
I think we'll ca' him Cow'rdly John,
As he that spirit aft did show,
As in the sequel you will know.
Sae on they gaed at a guid scour,
'Cause that they saw a gatherin' show'r
Grow vera thick upo' the wind,
Whilk to their wae they soon did find
An awfu' show'r o' sna and drift,
As ever dang down frae the lift.
Right wild and monstrous Boreas roar'd,
"Preserves !" quo' John, "we'll baith be smoor'd,
Our tryst's end we can ne'er mak out."
"Cheer up," quo' Thrummy, "never doubt;
But I'm some fley'd we've tint our way.
Howe'er at the neist house we'll stay
Until we see gin it grows fair;
Gin no, a' nicht we'll tarry there."
"Weel, weel," says Johnny, "we sall try."
Syne they a mansion-house did spy
Upo' the road, a bit afore,
Sae up they gaed unto the door,
Whare Thrummy chappit wi' his stick,
Syne to the door cam vera quick
A muckle dog, wha barkit sair;
But Thrummy for him didna care,
But handled weel his aiken staff,
In spite o's teeth he kept him aff
Until the landlord cam to see
An' ken what might the matter be.
Whan vera soon the dog did cease,
The landlord he did spier the case.
Quo' Thrummy, "Sir, we hae gaen will,
We thocht we'd ne'er a house get till;
We near were smoor'd amang the drift,
An' sae, guidman, ye'll mak a shift
To gie us quarters a' this night,
For now we dinna hae day-light
Farrer to gang, though it were fair --
Sae gin ye hae a bed to spare,
Whate'er your charge we sanna grudge,
An' satisfy you ere we budge

To gang awa, and when it's day
Will pack our awls an' tak our way."
    The landlord says -- "O' beds we've nane,
Our ain fouk they will scarce contain;
But gin you'll gang but twa miles forit,
Aside the kirk dwalls Robbie Dorat,
Wha keeps a change, an' sells guid drink.
His house you may mak out, I think."
    Quo' Thrummy -- "That's owre far awa',
The roads are sae blawn up wi' snaw,
To mak it is nae in our power,
For, look ye, sic a dismal shower
Is comin' on: ye'll lat us bide,
Though we sude sit at your fireside."
The landlord says to him -- "Na, na,
I canna keep you here ava.
Shamp aff, it is nae worth your while
To bide, fan ye hae scrimp twa mile
To gang; sae quickly aff ye'll steer
For faith I doubt ye's nae be here."
"Twa miles," quo' Thrummy "de'il speed me
If frae your house this night I gae.
Are we to starve in Christian land?
As lang's my stick bides i' my hand,
An' siller plenty i' my pouch,
To nane about this house I'll crouch.
Come, John, lat's in we'll tak a seat.
Fat sorrow gars you look so blate?"
Sae in he gaes an' sets him down,
Says he -- "There's nane about your toun
Sall put me out till a new day,
As lang's I've siller for to pay."
    The landlord says -- "Ye're rather rash,
To turn you out we sanna fash
Since ye're sae positive to bide,
But troth ye'll sit by the fireside.
I tauld you ance, o' beds I've nane
Unoccupied, except bare ane;
In it, I dread, ye winna lie,
For stoutish hearts ha'e aft been shy
To venture e'en within the room
After the night begins to gloom;

It's haunted by a frightfu' ghaist.
Oursel's are terrified amaist
To bide about the toun a' night;
Sae ye may chance to get a sight,
Like that whilk some o' our folk saw;
Far better till ye gang awa',
Or else ye'll maybe rue ere day."
"Guid faith," quo' John, "I'm thinkin' sae.
Better intil the neuk to sit
Than fley'd, guid keeps! out o' our wit.
The Lord preserve me frae a' evil!
I wadna like to see the Devil."
"Whist, gouk," quo' Thrummy, "haud your peace,
That sanna gar me leave this place;
To great or sma' I ne'er did ill,
Nae ghaist or de'il my rest shall spill.
Landlord, gin ye'll mak up that bed,
I promise I'll be vera gled
Intil the same a' night to lie,
Gin that the room be warm an' dry."
   The landlord says -- "Ye'se get a fire
An' candle too, gin ye desire,
Wi' beuks to read, an' for your bed
I'll orders gie to get it made."
   John says -- "As I'm a Christian man,
Wha never lik'd to curse nor ban,
Nor steal nor lie, nor drink nor splore,
I'll never gang within the door,
But stay by the fireside a' night,
An' gang awa whene'er it's light."
   Says Thrummy till him, wi' a glower,
"Ye cowardly gouk -- I'll mak ye cour!
Come ye up stairs alang wi' me,
An' I sall caution for you be,
For I defy the muckle de'il
An' a' his warks I wat fu' weel.
Fat tarry then maks you sae eery?
Fling by your fears and come be cheery."
Syne Johnny faintly gae consent,
An' up the stairs they quickly went,
Where soon they gat baith fire an' light
To keep them hearty a' the night.

The landlord likewise gae them meat
As muckle as they weel could eat,
Shaw'd them their bed, and bade them gang
Till it whene'er they did think lang.
Sae wishin' them a good repose,
Straight then to his ain bed he goes.
    Our travellers now being left alane,
'Cause that the frost was nippin' keen,
Coost aff their shoon an' warm't their feet,
An' syne gaed to their bed to sleep;
But cowardly John wi' fear was quakin',
He couldna sleep but lay still wakin',
Sae troubled wi' his panic fright.
Whan near the twalt hour o' the night,
That Thrummy waken'd, and thus spoke:
"Preserve's!" quo' he, "I'm like to choke
Wi' thirst, an' I maun ha'e a drink;
I will gae down the stairs, I think,
An' grapple for the water pail;
O! for a waught o' caller ale!"
But Johnny says to him, "Na, na,
I wanna let you gang awa;
Wow! will you gang and leave me here
My lane, to die wi' perfect fear?"
"Rise and gae wi' me then," quo' Thrummy,
"Ye senseless guid-for-naething bummy.
I'm only gaun to seek some water
An' I'll be back just in a clatter."
"Na, na," says John, "I'll rather lie;
But as I'm likewise something dry,
Gin ye can get a jug or cap,
Fetch up to me a little drap."
"Aye, aye," says Thrummy, "that I will,
Although you sudna get a gill."
Sae down he gaes to seek a drink,
An' syne he thinks he sees a blink
O' light, that shone upo' the floor,
Out through the keyhole o' a door,
Whilk was nae fast, but stood ajee;
Whatever's there he thinks he'll see.
He bauldly o'er the threshold ventures,
An' in within the cellar enters.

But, reader, judge o' his surprise,
When there he saw with wond'ring eyes,
A spacious vault, weel filled wi' casks
O' reamin' ale, an' some big flasks.
An' strideleg o'er a cask o' ale
He saw the likeness o' himsel',
Just i' the dress that he coost aff:
A thrummy cap, and aiken staff,
Gamashes, an' a jockey coat,
An' in its hand the ghaist had got
A big four-luggit timmer bicker,
Filled to the brim wi' reamin' liquor.
Our hero at the spectre star'd,
But neither daunted was nor feared.
He to the ghaist straight up did step,
An' says, "Dear brother Thrummy Cap,
The warst ye surely dinna drink,
I'll try the same o' yours, I think."
Syne taks a jug, pu's out the pail,
An' fills it up o' the same ale
Frae under where the spectre sat,
An' up the stairs wi' it he gat,
Took a good drink, gied John anither,
But never tauld him o' his brither,
That he into the cellar saw,
Mair than he'd naething seen ava.
Right brown and nappy was the beer,
"Whare did you get it?" John did spier.
Says he, "I'm sure you needna care;
I'll gae an' see to get some mair."
Sae down the stairs again he goes
To get a drink, anither dose,
Being positive to hae some mair,
But still he found the ghaist was there,
Now on a butt, behind the door.
Says he, "You did nae ill afore,
Dear brither Thrummy, sae I'll try
You ance again, because I'm dry."
Syne fills his jug right out below,
An' up the stairs again does go.
John marvell'd sair, but didna spier
Again whare he had got the beer;

For this was stronger than the first,
Sae they baith drank till like to burst,
An' syne composed themsel's to rest,
To sleep a while they judged it best.
An hour in bed they hadna been,
An' scarcely weel had closed their een,
Whan just into the neighbouring cham'er
They heard a dreadfu' din and clamour.
Aneath the bed-claes John did cour,
But Thrummy jumpt upo' the floor.
Him by the sark-tail John did haud:
"Lie still," quo' he, "fat, are ye mad?"
Thrummy then turned him round about
An' lent John in the ribs a clout,
Till on the bed he tumbled doon
In little better than a swoon;
While Thrummy, as fast's he could rin,
Gaed aff to see what made the din.
The chamber seem'd to him as light
As if the sun was shining bright;
The ghaist was standing near the door
In the same dress it had before,
An' o'er anent it, at the wa',
Were ither apparitions twa!
These spirits seem'd to kick a ba',
The ghaist against the ither twa;
Whilk close they drave baith back an' fore
Atween the chimla' an' the door.
Thrummy a while beheld the play,
Syne rinnin' up, he this did say --
"Ane for ane may weel compare,
But twa for ane is rather sair;
The play's nae equal, say, I vow,
Dear brither Thrummy, I'll help you."
Syne wi' his fit he kicked the ba',
Gar'd it play stot against the wa'.
Quick then as lightning frae the sky
The spectres ga'e a horrid cry
An' vanished in a clap o' thun'er,
While Thrummy at the same did won'er.
The room was quiet noo an' mirk,
An' Thrummy, stilping in his sark,

Glaumpin' the gate back to his bed,
He thinks he hears a person tread,
An' ere he gat without the door
The ghaist again stood him afore,
An' in his face did starin' stan'
Wi' a big can'le in its han'.
Quo' Thrummy, "Frien', I want to know
What brings ye frae the shades below.
I in my Maker's name command
Ye'll tell your story just aff-hand.
Fat wad ye hae? -- I'll do my best
For you, to lat you be at rest."

    Then says the ghaist, " 'Tis forty year
Since I've been doomed tae wander here;
In a' that time there has been nane
Behaved sae bold as ye have deen;
Sae if you'll do a job for me
Disturbance mair I'll never gie."
"Say on your tale," quoth Thrummy, "I
To do you justice sure will try."
"Then mark me well," the ghaist replied,
"An' ye shall soon be satisfied.
Frae this aback near fifty year
I of this place was overseer,
Whan this Laird's father had the land
A'thing was then at my command,
Wi' power to do as I thought fit,
In ilka cause I chief did sit.
The Laird paid great respect to me,
But I an ill return did gie:
The title deeds o' his estate
Out o' the same I did him cheat,
An' staw them frae where they did lie
Some days afore the Laird did die.
His son at that time was in France,
An' sae I thought I'd hae some chance,
Gif he should never come again,
That the estate would be my ain.
But scarcely three bare weeks were past
When death did come and grip me fast,
Sae sudden that I hadna power
The charters back for tae restore.

126

Soon after that hame cam the heir,
An' syne got up the reefu' rair --
What sorrow was come o' the rights?
He sought them several days an' nights,
But never yet ha'e they been seen,
As I aneath a muckle stane
Did hide them i' this cham'er wa',
Weel sew'd up in a leather ba';
But I was ne'er allowed to rest
Until that I the same confess't;
But this to do I hadna pow'r
Frae yon time tae this vera hour,
That I've reveal'd it a' tae you;
An' noo I'll tell you what tae do --
Till nae langsyne nae mony kent
That this same laird the rights did want,
But noo they hae him at the law,
An' the neist ook the laird maun shaw
Afore the court, the rights o's lan',
This puts him to an unco stan',
For if he disna shaw them there
O' a' his lands he'll be stripped bare;
Nae hope has he to save his 'state
This maks him sour and unco blate.
He canna think whar's rights may be,
An' ne'er expects them mair to see.
But noo, my frien', mark what I tell,
An' you'll get something tae yersel':
Tak oot that stane there in the wa',
An' there you'll get the leather ba'.
'Tis just the same that ye did see,
When you said that ye would help me.
The rights are sew'd up in its heart;
But see you dinna wi' them part
Until the laird shall pay you down
Just fifty guineas an' a crown,
Whilk at my death was due tae me.
This for thy trouble I'll gi'e thee,
An' I'll disturb the hoose nae mair,
'Cause I'll be free frae a' my care."
This Thrummy promisèd tae do,
An' syne the ghaist bade him adieu,

An' vanished wi' a pleasant soond
Doon thro' the laft an' thro' the ground.
   Thrummy gaed back syne tae his bed
An' cowardly John was very gled
That he his neighbour saw ance mair,
For o' his life he did despair.
"Wow man," quo' John, "whare hae ye been?
Come tell me a' fat ye have seen."
"Na, bide," says Thrummy, "till daylight,
I'll tell ye syne, baith clear an' right,"
Sae down they lay an' took a nap
Until the ninth hour it did chap.
Whan John was sleepin' Thrummy raise,
An' to the cham'er aff he gaes,
Taks the big stane frae out the wa',
An' soon he fand the leather ba',
Took out the rights, replaced the stane,
Ere John weel kent whare he had been.
Syne baith cam stappin' doon the stair.
The morning noo was calm an' fair.
"Weel," says the laird, "my trusty frien',
Hae ye ought in our cham'er seen?"
Quo' Thrummy, "Sir, I naething saw
That did me ony ill ava."
"Weel," quo' the Laird, "ye noo may gang,
Ye ken the day's nae vera lang ;
In the meantime it's calm an' clear,
Ye lose your time in biding here."
Quo' Thrummy, "Sir, mark what I tell,
I've mair right here than you yoursel',
Sae till I like I here shall bide.
The Laird at this began to chide.
Says he, "My friend, you're turnin' rude."
Quo' Thrummy, "I'll my claim mak guid,
For I just here afore you a'
The Rights o' this Estate can shaw,
An' that is mair than ye can do."
"What!" quo' the laird, "can this be true?"
" 'Tis true," quo' Thrummy, "look an' see --
D'ye think that I wad tell a lee?"
The parchment frae his pouch then drew,
An' doon upo' the table threw.

The Laird at this up tae him ran,
An' cried, "Whar did ye get them, man?"
Syne Thrummy tald him a' the tale,
As I've tald you, baith clear an' hale.
The Laird at this was fidgin' fain
That he wad get his rights again;
An' fifty guineas down did tell,
Besides a present frae himsel'.
Thrummy him thanked, and syne the gowd
Intil a muckle purse he stow'd,
An' cramm'd it in his oxter pouch,
An' syne sought oot his aiken crutch;
"Now, fare-ye-weel, I maun awa',
An' see gin I get through the sna'."
"Weel, fare-ye-weel," replied the laird.
"But hoo comes it ye haena shar'd
Or gien yer neibor o' the money?"
"Na, by my saul I, Sir," quo' Thrummy,
"When I this siller sair did win,
To share wi' him wad be a sin;
Afore that I the ghaist had laid
The nasty beast had------ the bed."
    An' sae my tale I here do end.
I hope no one it will offend.
My Muse will nae assist me langer,
The dorty jade sometimes does anger;
I thought her ance a gay smart lass,
But now she's come till sic a pass
That a' my cudgelling an' whipping
Will hardly wake her out o' sleeping.
To plague her mair I winna try,
But dight my pen and lay it by.

JOHN O' ARNHA'

George Beattie
1786-1823

A Tale

It was in May, ae bonny morn,
When dewie draps refresh'd the corn,
And tipt ilk stem wi' crystal bead,
That glissent o'er the spangelt mead
Like gleam o' swords in fairy wars,
As thick and clear as heaven's stars;
While Phoebus shot his gowden rays,
Asklent the lawn -- a dazzlin' blaze;
The wind but gently kissed the trees,
To waft their balm upon the breeze;
The bee commenced her eident tour,
Culling sweets frae ilka flower;
The whins in yellow bloom were clad,
And ilka bush a bridal bed;
A' nature smil'd serene and fair;
The la'rocks chantit i' the air;
The lammies friskit o'er the lea --
Wi' music rang ilk bush and tree.
   Now 'sighs and vows,' and kisses sweet --
The sound of lightly tripping feet --
Love's tender tale -- the sweet return --
The plaints of some still doomed to mourn;
The rustic jest and merry tale
Came floating on the balmy gale;
For, smiling, on the road were seen
Baith lads and lasses, trig and clean,
Linkin' blythly, pair and pair,
To grace *Montrose's annual fair!* --
Montrose, 'wham ne'er a town surpasses'
For *Growling Guild* and *ruling Asses!*
For pedants, with each apt specific
To render barren brains prolific;
For poetasters, who conspire
To rob Apollo of his lyre,
Although they never laid a leg
Athort his Godship's trusty naig;

For preachers, writers, and physicians --
Parasites and politicians:
And all accomplished, grave, and wise,
Or sae appear in their own eyes!
To wit and lair, too, make pretence;
E'en sometimes 'deviate into sense!'
A path right kittle, steep, and latent,
And only to a few made patent.
So, lest it might offend the *Sentry*,
I winna seek to force an entry;
But leav't to bards inspir'd and holy,
And tread the open field of folly;
For certes, as the world goes,
Nonsense in rhyme's as free's in prose;
And are we not distinctly told
By Hudibras, in days of old,
That, 'Those who write in rhyme, still make
The one verse for the other's sake;
And one for sense and one for rhyme
Is quite sufficient at a time.'
   As for your critics, ruin seize them,
I ken I canna sing to please them,
A reason guid -- I dinna try --
They're but a despicable fry,
That vend their *venom* and their *ink*,
Their *praise* and *paper*, eke for clink.
Thae judges *partial*, self-elekit,
Why should their sentence be respeckit;
Why should the silly squeamish fools
Think fouk will mind their measur'd rules;
They spill not ink for fame or glory,
Nor paper blacken *con amore;*
'Tis Mammon aye their pens inspire,
They praise or damn alike for hire:
An', chapman like, their critic treasure
Is *bought* and *sold again by measure;*
Some barrister new ta'en degrees
(Whase purse is lank for lack o' fees),
Or churchman just come frae the college
Wi' skull weel cramm'd wi' classic knowledge,
Draw pen to laud some weary bard,
Or deal damnation by the *yard.*

But first they toss them up a maik,
To learn what course they ought to take;
If 'tails' the critics quickly damn him,
If 'heads,' wi' fousome flattery cram him.
In either case they're paid their wages,
Just by the number o' their pages.
    How soon are mortals lead astray --
Already I am off my way;
I've left my bonny tale, to fesh in
A wicked scandalous digression;
By bards of yore who sang of gods,
Clep'd underplots and episodes;
But, 'Muse, be kind, an' dinna fash us
To flee awa' ayont Parnassus.'
Or fill our brains wi lies and fiction
Else fouk will scunner at your diction.
    I sing not of an ancient knight,
Wi' polish'd lance and armour bright;
Nor, as we say, wi' book bedeckit
In iron cap and jinglin' jecket,
High mounted on a champion steed,
Eneugh to fley puir fouk to deid --
Or modern Dux, wi' noddin' crest,
An' starnies glancin' on his breast --
Or garter wappin' round his knee
To celebrate his chivalry; --
Heroes fit for southern bardies!
Mine walks a-foot and weilds his gardies;
Or, at the warst, his aiken rung,
Wi' which he never yet was dung,
Unless by more than mortal foe --
By demons frae the shades below --
As will be seen in proper time,
Provided I can muster rhyme.
    The valiant hero of my story
Now rang'd the fair in all his glory,
A winsome strapper, trim and fettle,
Courting strife, to show his mettle,
An' gain him favours wi' the fair --
For dastard coofs they dinna care.
Your snools in love and cowards in war,
Frae maiden grace are banished far;

An' John had stak'd his life, I ween,
For favour frae a lassie's een;
Stark love his noble heart had fir'd --
To deeds o' pith his soul aspir'd;
Tho' these, in distant climes, he'd *shown;*
'Twas meet to *act* them in his own.
  Now thrice he'd wav'd his hat in air --
Thrice dar'd the bravest i' the fair.
The *Horner* also wav'd his bonnet,
But wish'd belyve he had na dune it;
For scarcely could ye counted sax,
Before a double round o' whacks
Were shower'd upon his banes like hail,
Right, left, and centre, crack pell-mell --
Sair to bide, and terrible to tell.
The hardest head could ne'er resist
The fury of his pond'rous fist;
He hit him on the ribs sic dirds,
They raird an' roove like rotten girds;
His carcase, too, for a' the warl',
Was like a butt or porter barrel.
Now John gaed round him like a cooper,
An' showed himsel' a smart tub hooper;
Wi' mony a snell an' vengefu' paik,
He gar'd his sides an' midriff ake;
Upon his head-piece neist he hammert,
Until the *Horner* reel'd and stammert;
He cried out "Mercy! plague upon it!"
Up gaed his heels -- aff flew his bonnet,
An' raise to sic a fearfu' height,
It soon was lost to mortal sight.
Some said, that witnessed the transaction,
'Twas cleckit by the moon's attraction,
Or nabbit by the fairy legions,
To whirl them through the airy regions.

Sonnet.

But where it gaed, or where it flew,
The feint ane either cared or knew,
Yet strange to tell, tho' very true,
Again it never cross'd his brow,

Nor ever kyth'd to mortal view.
Some said they heard it cry "adieu,"
As thro' the air, sic clear and blue,
It skimm'd as quick as ony doo.
An' weel I wat, to gie't its due,
It was baith sleekit an' spleet new.
Of as guid stuff as ever grew
Upo' the back o' ram or ewe,
Or ever fendit rain or dew;
Weel twisted oot o' haimert woo --
Weel ca'd thegither and waukit too --
Weel dy'd and littit through and through;
The rim was red -- the crown was blue!
But now it's gane! Eheu! Eheu!!

And here maun end my dowie sonnet
Upo' the Horner's guid braid bonnet;
Weel wordy o' mair lofty strains,
For happin' sic a head o' brains.
  Still prone on earth the vanquish'd lay,
View'd by the rabble with dismay;
Now groaning, startit frae the ground,
And swore he'd have another round.
No sooner was this sought than granted,
The victor vow'd 'twas what he wanted.
Each took his ground -- the ring was formed;
Wi' pain the Horner raved and stormed;
His roofless pow and gaucy face
Showed marks of ravage and disgrace,
Which added horror to his mein --
A grugous wight he was, I ween.
  The victor squar'd his manly figure,
An' gard his gardies whizz wi' vigour --
They rent the air in every quarter;
He said "my lad, ye've caught a Tartar;"
Syne wi' a most tremendous whup,
Again he turn'd the Horner up,
Till first his head, and neist his feet,
In turn came crack against the street;
Just like a squirrel in a cage,
Or mountebank upon a stage;

134

Wi' heels ower head, and head ower heels,
Ower barrows, benches, stands, and creels;
The mills and cutties flew like drift,
The very stour raise to the lift;
The lassies wi' amazement skirl'd,
As ower, an' ower, an' ower he whirl'd,
Like whirligig, or wheel a spinnin' --
The spaiks were like to lift their linen.
    The fair was now in dire commotion,
Raging like the roaring ocean:
Like hail the sweeties strew'd the street,
"Come, hain your siller, pick an' eat,"
Was sounded through the busy crowd,
A signal eithly understood.
    Rob M'Intosh, a Highland piper,
Wha thought the crap could ne'er be riper,
Wi' twa three gangrel ballad singers,
Began to ply their restless fingers.
"O hooly there, ma bonny bairns,"
Quo' John, "haud aff your thievin' irons."
He shook their doublets and their wallets,
An' gard his cudgel claw their pallets;
They threw their fangs, and flew for shelter,
Content wi' paiks to 'scape a halter.
Now wild huzzas, baith lang and loud,
Were yammert by the gapin' crowd:
They cried, "O had he been alive
In seventeen hundred forty-five,
When Charlie Stuart, the vile Pretender,
Made moyen to be our Faith's Defender,
And marched his legions down our streets,
Withouten brichen, sheen, or beets,
He'd gar'd them flee like chaff and stubble,
And spar'd the English troops the trouble
Of stickin' baignets i' the throats
Of hunger-bitten Highland Scots."
    He lo'es his King and country weel,
And sends Reformers to the Deil.
Still as he swills the foamin' porter,
He wishes each a full head shorter.
    But, Muse, I charge thee, hurry on,
An' let us frae the fair begone;

A bolder theme maun swell your lay,
A dreadful night succeeds this day,
As will be seen in proper time,
Provided I can muster rhyme!
    The busy day drew to a close;
As soon as John had taen his doze
O' whisky punch and nappy ale,
Had smok'd his pipe, and told his tale,
He judg'd it far his wisest scheme
To streek his houghs an' scamper hame.
He scorn'd to soak 'mang weirdless fellows,
Wi' menseless bazils in an alehouse;
Enough he deemed as good's a feast;
That excess made the man a beast.
The lawin' paid, an' a' thing snod,
He soon was skelpin' on the road;
Quick past the Port and Dummie's Wynd,
The fleetest soon he left behind;
Neist by the Loch and Rotten-raw,
An' up the Loan for Arnha' --
His native spot, his peacefu' hame,
The place from whence he took his name,
Now render'd famous by his fame.
    An' now the weary westlin' sun
Had kiss'd the tap o' Catterthun;
His hin'most blink shone on the knowes,
The lazy mist crap in the howes;
The wind was lown, creation still,
The plover wail'd upon the hill;
The cottage reek raise to the sky;
The bat in silence flicker'd bye;
And moth and beetle, foes to light,
Commenced their drowsy twilight flight;
The ploughmen, now their labour o'er,
Enjoy'd the balmy gloamin' hour,
Right wazie wax'd and fou o' fun,
They whistlet down the setting sun;
Some slyly slipt to meet their joes,
As they came tripping frae Montrose.
Ye pauky loons! hale be your hearts,
Weel ken ye how to play your parts;

136

For oft that gloamin', ere she wist,
Full mony a bonny lass was kist,
An' ran's if chas'd by bogles eerie,
But soon was clasp'd by her ain dearie;
Right blythe to find they were mistaen,
They gae their kisses back again;
Shame fa' the saint wad ca't a crime,
Or deem't unmeet for prose or rhyme.
  Now gradual shades of gloamin' grey
Crap gently o'er the partin' day;
The air was sweet -- kind heav'n anew
Refresh'd the earth wi' pearly dew;
A balmy, soothing, silent shower,
That cheer'd ilk herb and fainting flower,
Frae morning scowdert i' the blaze
Of Phoebus' ever darting rays.
The hum of stragglers frae the fair
Came floating on the peacefu' air;
The robin chantit frae his spray,
A requiem to departed day,
In notes sae waesome, wild, and sweet,
They'd gar'd a lightlied lover greet,
The blackbird whistlet deep and mellow;
A hollow voice cried -- "John Finella!"
Now straight the hero turn'd him round
To see from whence the eldrich sound;
When right a-head, an ancient dame
Kyth'd eerie through the twilight beam;
Upon a crummock staff she leant her,
Fast John came leeshin' up ahint her;
Her coatties past the knees were kiltit,
In eldrich notes she croon'd and liltit.

The Witche's Song.

O why sud my auld heart grow sair
To hear the lassies crumpin' fair;
They'll hae their day, as I had mine --
Like me they'll think on auld langsyne;
For I've haen sweethearts o' my ain,
An' to be dautit I was fain;

They roos'd my glossy jet black hair,
But now my pow's baith lyart an' bare;
They prais'd my alabaster skin,
Alas! now wrinklet, derf, and din;
They said my pauky een were bonny,
My mou as sweet as heather honey,
But now my een are bleer'd an' blin',
My mou conceal'd 'tween nose and chin;
Full eighty winters thick hae spread
Their cranreughs o'er my palsied head;
Out ower my crummock laigh I bend --
I'm wearin' to my journey's end;
I'm borne down wi' grief and care --
The load of life I scarce can bear.
A wither'd trunk, a leafless tree,
Is a' that now remains of me;
The days are gane that I hae seen,
Now I maun hirple hame my lane,
Wilyart, waesome, will, and weary,
O what could make my auld heart cheerie:
But wae betide them that wauken my wraith,
I rede them beware of trouble an' skaith;
For though I'm baith cripple an' halflins blind,
They'll rin right fast when they leave me behind.

"Guid ev'nin' to you, teethless granny,"
Quo' John, "ye're creepin' unco canny;
Ye're surely auld's the devil's mither --
Come, streek your houghs, we'll gang thegither,
For nane dare pass and leave auld wives
Unless they're weary o' their lives:
Yea! how came ye, my winsome dame,
To ken Finella was my name,
Unless, in compact wi' auld Nick,
Ye're come to play me some foul trick;
An' troth I scarce believe ye're sterlin',
For wow ye are an ugly carlin."
    Wi' hollow voice, and accent cramp,
She stammert out -- "You bloody scamp!
Your deeds, before this time tomorrow,
Shall cost ye muckle dool an' sorrow;

And mony sad sights shall ye see,
Before in sleep ye close an e'e;
Your worthless carcase whilk ye big on,
I winna leave a rotten rag on,
But strip ye straight frae head to heel,
Ye vaig! like skinnin' of an eel.
For auld's I am, I can do wonders --
If I but wag my stick, it thunders,
Lightens, rains, blows, hails, or snows,
Or ony weather you'll suppose:
A buckie I to sea can rig out,
And of an egg-shell make a frigate;
Nay, in a thimble skim the flood,
Provided it be made of wood;
Without a curpin, bit, or saddle,
Upon a broomstick ride astraddle,
With which I cut the viewless wind,
An' a' thing earthly leave behind;
Wi' warlocks whirl at barley-brack,
Right round the warl', as round a stack;
Play hide and seek ahint the moon,
An' list her dowie tenant croon;
Or mount up to the welkin's harns,
An' play bo-peep amang the starns;
Quicker than hail, by whirlwind driven,
I skim the milky way of heaven,
Or scud where northern streamers play,
Yet tread this earth ere break of day."
 Thrice wi' her teethless chafts she mumpit,
While nose and chin on ither thumpit;
Thrice she wav'd her skinny hand,
And thrice invok'd the infernal band;
Thrice backwards round about she tutter'd,
While to hersel' this leed she mutter'd:--

 "Frae the east -- frae the wast,
 Thunner roar, lightnin' blast;
 Frae the south -- frae the north,
 Pour wind and water forth;
 Will-o-wisps! wirrieknows!
 Warlocks wi' your lyart pows,

At three-quarters after ten,
Hover round auld Martin's Den.
Elspet, Mauzie, ho! ye hags,
Strid-legs o'er your broom-stick nags!
When the night grows rough and mirk,
Canter round auld Logie Kirk.
When you hear the Kelpie howl,
Hie ye to the Ponnage-pool;
There you'll see the Deil himsel'
Leadin' on the hounds o' Hell,
Over mountain, muir, and dale;
Ghaists and spectres, wan and pale,
Riding on the roarin' storm,
Dance in dread array before 'm;
The shadows rise! quick! and quicker!!
The tempest brews! thick! and thicker!!
Now it is time for me to bicker,
For oh! the charm is firm and sicker,"

Wi' that her joints began to swacken,
Awa' she scour'd like ony maukin;
O'er dykes and ditches swift she friskit,
Through bogs and mires she lap an' whiskit;
Sae featly did she wing her flight,
In a twinklin' she was out o' sight.
    Wi' open mou', John stood an' gaz'd,
At once confounded and amaz'd;
His hair on end stack up like bristles,
Or like the beards o' burry thristles;
An' ay as on the road he stoitit,
His knees on ane anither knoitit.
    Frail man, alack! but seenil thinks,
While round him fortune's sunshine blinks,
(And having reach'd that point of fame,
Securing him 'a deathless name'),
That ere ae fleeting hour gae past,
He may be streekit i' the blast,
Or lair'd by spunkies i' the mire,
To dree the water-kelpie's ire;
Hae a' his honours frae him torn,
And of his maughts, like Samson, shorn;

140

The agent too mayhap the same,
Aye, sure in gender, not in name,
Which here is deemed by much too long
Either to be said or sung.
  A sudden gloom o'erspread the air,
Ilk creature seem'd oppress'd wi' fear;
The harmless bird crap to its nest,
An' beasts o' prey retired to rest;
Black murky clouds began to muster,
And Boreas to rave and bluster;
The lightnin' twinkled i' the air
As yet wi' faint and feeble glare;
At distance, too, the thunder grummelt,
An' thro' the welkin growl'd and rummelt;
The wind sough't mournfu' thro' the trees,
Unearthly sounds swell'd i' the breeze;
Eftsoons the lightning's languid gleam
Blaze forth in sheets of livid flame,
And objects, shrouded deep in night,
Burst naked on the wond'ring sight;
On Loan-way path each whalebone post
Were instant seen and soon were lost;
And straight again the groaning trees
Kyth'd, feightin' wi' the balefu' breeze;
The thunner rair'd wi' furious thuds,
An' blatter'd throw the lowerin' clouds,
Still clear an' clearer ilka flash,
Yet near an' nearer ilka crash;
The lightnin', thunder, wind, and rain,
Flash'd and roar'd, and dash'd amain;
And oh, how black the troubl'd air,
In absence of the lightnin's glare.
John crap alang. Towards the right
He thought he spied a cottage light,
And steer'd his course in that direction,
Aneath its roof to seek protection;
But weary fa' the faithless light,
It quickly vanish'd frae his sight,
And left him in an eerie swither,
Glampin' round, he kendna whither,
Again the fleeting taper glanc'd,
Again towards it John advanc'd;

141

It flar'd and flicker'd i' the wind,
Sometimes before, sometimes behind;
From right to left, from left to right,
It scatter'd a bewildrin' light,
An' in a wink the glimmerin' ray
Flash'd on his sight, then died away;
Aye, Willy-an-the-wisp was there,
Shedding forth his nightly glare,
An' rousin' keen his fatal fire,
To wyle him to the weary mire.
   John row'd ow'r dykes, and lair'd in ditches,
Mutterin' malisons on witches.
Neist ow'r the plain, and down a hill,
He heard the clackin' of a mill;
Again the spunkie's wav'rin light
Discovert to his wildert sight
In boiling wrath, the North-Esk stream
Thudin' onward, white wi' faem.
He heard a voice wi' muckle dool,
Croonin' in the Ponnage Pool,
And this it said, or seem'd to say,
"Ah, willawins! alack for aye,
O sair's my back, an' sair my banes
Leadin' the Laird o' Marphie's stanes;
The Laird o' Marphie canna thrive
As lang's the Kelpie is alive."
The thunder growl'd in lower tone,
As if to let the voice get on,
"God help ye! be ye friend or fae,"
Quo' John, "it's wrang to use ye sae;
To me your griefs ye needna tell,
For, wae's my heart, I'm waur mysel'."
When, by the lightnin's glare, he saw
A sight surpassing nature's law --
A stalwart monster, huge in size,
Did straight frae out the river rise;
Behind, a dragon's tail he wore,
Twa bullock's horns stack out before;
His legs were horn, wi' joints o' steel,
His body like the crocodile.
On smellin' John, he gaed a scoil,
Then plunged and gar'd the water boil;

142

Anon he stood upon the shore,
And did for vengeance loudly roar.
  Now John his painfu' silence broke,
And thus in daring accent spoke:
"Stand aff, you fiend, and dread my wraith,
Or soon I'll steek your een in death:
Not you, nor a' the hounds o' hell,
Can my undaunted courage quell."
When waving straight his club on high,
That whistlet as it cut the sky --
"See ye, Sir, that gnarell'd aik,
Wi' which if I but gie ae straik
Athort the shanks or ower the head,
I'd dye the North-Esk river red,
And make at once the azure flood
One purple stream of Kelpie's blood;
To show how easily I'll drub ye,
See, there I've flung away my club, ye;
For wi' my ain twa neives I'll smack ye,
Tho' a' the deils in hell should back ye;
Sae, therefore, if you wish to thrive,
Be stepping! -- show your havins! -- dive!!"
"Yelta, billie," quo' the Kelpie,
"I carena for your threats -- God help ye!
Gae bluster somewhere else, for here
Ye mauna think to domineer;
If I but grip you by the collar,
I'll gar you gape, and glower, and gollar,
An' thratch an' thraw for want of breath --
Ae squeeze o' that wad be your death;"
When shakin fierce his horny paw,
He gae a wild and loud gaffa;
Raised sic a rutherair and clatter,
The red brae tummelt i' the water;
The brig across the North-Esk river
Did echo back the sound and shiver.
Had Mary Brig been then I reckon
That brig had frae its centre shaken.
  "It is but right your wraith to settle,"
Quo' John, "that you should know my mettle.
I'm weel ken'd here an' far awa --
My name is John o' Arnha'!

I slew three hunder Dublin bouchers,
For whilk I'm fit to show you vouchers;
I gar'd the pows flee frae their bodies,
Like nippin' heads frae carl-doddies.
I've been through Hollan', Spain, and France,
And at Vienna learn'd to dance:
I tript it neat in silks an' satin,
An' to the damsels jabbert Latin;
This lingo here but few can speak it
Better than a pig could squeak it;
But gin ye only understand it,
Ye'll hear how nicely I mowband it;
Rummiforgan bardinarus
Hoo nig fig gnippiti gnarus
Drumhargel bargum shipperatis   --"
    The Kelpie scronnocht   *"Punctum satis!*
Your crack-jaw words of half an ell,
That rumble like a witch's spell,
Are nae the leed of ony tongue
That ever in a head was hung,
Sin' lingo was confus'd at Babel --
They mind me of a turkey's babble."
    Quo' John, "They're Latin, but by jingo,
Ye'se get the rest in haimert lingo;
Sic themes were never meant to suit
Your dozen'd lugs, ye duxy brute:
An' you that aye 'mang water buller,
How can you be a classic scholar!
In Africa I've preach'd to pagans,
At Coromandel danc'd wi' dragons:
On India's plains I've ruled mulattos,
At Aetna's flames, I've roas'n 'tatoes:
I've seen it spew its liquid lava
Ower a' Jerusalem and Java,
And rain, in hellish showers, its danders
On Hollan', Polan', France, and Flanders;
I in its wame heard Vulcan ruddy
Upon his triple tempert studdy;
A limpin', spaviet, bruikit wight,
Wi' oily hide -- a perfect fright;
He swat and yarkit wi' his hammer,
The sparks flew frae his steel like glamour;

Twa black, outlandish gruesome fellows,
Were puffin' at his smiddy bellows.
Upo' the right a mighty stove
For forgin' thunder-bolts to Jove --
This night they're whizzin' through the sky,
Sae better to you mind your eye."

   Said Kelpie, "That I'll take my chance on,
But faith, I sadly dread ye're scancin';
I mark him for a smeerless dolt
Wha'd jouk t'eschew a thunderbolt;
Let rain descend and tempests roar,
I'll meet you on this dreary shore;
Though lightning blaze and thunder rattle,
I'm here prepared to give you battle;
I charge you, braggart, to prepare
For deeds of might -- not words of air."

   "I ne'er," quo' John, "like some, grow vain,
Or fecht my battles o'er again;
I only didna wish to cheat ye,
To raise your wrath and syne defeat ye;
It's meet, before the battle rage,
You ken the foe ye've to engage.
I scorn a' liars and their lies;
I've been on islands made o' cheese;
Cross'd lakes o' bladdo milk and whay,
As braid and deep as Forth or Tay.
Frae Caterthun to Copenhagen
I raid upon a fiery dragon.
(Right through the air like Sancha Pancha,
And brave Don Quixote de la Mancha);
Ten mile o' tail hung at his rump,
Compar'd to some 'twas but a stump.
Upon the sedgy banks of Nile
I've tiltit wi' the crocodile;
Wi' unicorns and alligators,
Fell tigers, elephants, and satyrs.
Like Hercules, the wale o' men,
I've dared the lion in his den;
When vengeance through my peepers glower'd,
The stately monarch fawn'd and cowr'd;
An' creepin', lickit at my feet,
Like ony collie on the street.

Upo' the coast of Labrador
I've heard five hunder Kelpies roar --
Five thousand, faith! -- the deil ane fewer,
And each ten times as big as you are;
I offer'd battle to them a' --
The cowards youl'd and ran awa'."
(The Kelpie 'grinn'd an eldrich laugh';
An' rubbed his hooves upo' the haugh);
Quo' John, "Ye needna scrape and nicker,
I'm neither fey nor waur o' licker;
I tell the truth -- and hark ye, sirrah,
I slew upon Del Fuego Terra,
A giant in height twall ell some inches,
An' sax between the oxter kinches;
Lang fresh he lay preserv'd 'mang snaw,
And frosty winds that there aye blaw;
But vultures pick'd his big banes bare,
And lined their nests wi's blood-stain'd hair.
Compar'd to him ye're but a dwarf,
The wind o's neives had gar'd you swarf.
This very day, too i' the market,
Five hunder sturdy hides I yarkit;
Between the shore and Kittlenakit,
There's few but I baith pran'd and paikit;
Spar'd neither man nor mither's son --
Yea, claw'd the back o' Horner John!
Sae clean and snell the cracks I gaed 'm,
The heels flew ower the ugly head o'm;
And tho' ye be the Water Kelpie,
I'll wad my whittle I sall skelp ye."
   When castin's coat, he spat in looves,
And bade the Kelpie use his hooves;
In dour conflict the parties clos'd,
Head to head -- hand to hooves oppos'd;
Teugh was the tulzie, and for lang
Success in equal balance hang.
The Kelpie tried wi' John to grapple,
But Arn caught him by the thrapple,
And gar'd his carcase sweep the stanners,
Whilk made a noise like corn-fanners;
He puff'd and blew like ony whale --
He scourg'd the water wi' his tail,

146

An' threush on John as wi' a flail;
John pran'd him down amang the mud,
And bade him lash his ain heart's blood,
That ran in torrents frae his side,
And chang'd the colour o' the tide.
    The fiend forjeskit, tried to 'scape,
Throw frequent changin' o' his shape;
In various forms he did appear,
Sometimes a horse, sometimes a deer --
A wren -- a hawk -- a goose -- a fox --
A tender lamb, or pond'rous ox --
A rav'nous wolf -- a tim'rous hare --
A savage lion, or growling bear;
Then straight began to dive and frisk
Throw and throw the trumbled Esk;
Row heels-o'er-head upo' the banks,
Wi' mony sic unseemly pranks,
An' nicker, bark, squeak, grunt, and gabble,
As he'd ta'en out's degrees at Babel;
But a' his airts could not avail him,
In every shape did John assail him;
And to ilk bellow, roust, and roar,
He lustily cried out "encore!"
Till echo, for ten miles around,
Did to the horrid coil resound.
    Now terror seiz'd the Kelpie's soul,
An' for assistance he did youl!
At's call anon hail legions drive
Like swarms o' bees frae out a hive;
Like midges after summer shower,
(Frail tenants of a fleeting hour);
Or like the locusts sent on Pharaoh,
Enough the stoutest heart to harrow.
A thousand phantoms skimm'd the breeze,
'As thick as mites in rotten cheese;'
Not harmless spirits, boding luck,
Like Robin, Mustard-seed, or Puck;
Or brownies, aye discreet and civil;
But a' intent on working evil.
    In wild array, the warlock men
Held orgies in Saint Martin's Den;

147

Deep i' the glack, and round the well --
Their mystic rites I canna tell;
None form'd of flesh e'er dar'd to scan
The secrets of their dark divan.
   Towards the west auld Logie kirk
Threw livid gleams athort the mirk;
The boards o' coffins fed the flames
(New houkit by the weirden dames),
Whilk, dipt in sulphur, gae them light
To hatch their spells by magic's sleight;
They blaz'd and crackelt i' the blast,
And round a ghastly glimmering cast;
The last remains of human clay,
That in the grave's dark chambers lay,
Were turn'd up to the pale blue light;
The smell was loathsome -- dire the sight;
And skulls, and banes, and boards in cairns,
Lay scatter'd round amo' the ferns.
The hags, wi' mony a 'horrid stave'
Gaed whiskin' round ilk herriet grave.
The corbies scraigh't -- the owlets scream'd;
A gousty cawdron boil'd an' feam'd,
In which the beldames, eident, threw
Ingredients hideous to the view;
An' aye's they steer'd them wi' a thivel,
They mummelt "crowdy for the devil."
And for a thivel they did use
A sturdy stump o' knotty spruce,
Wi' whilk a son came crash, O vow,
Outower his father's bare auld pow!!
An' still the faithfu' bark retains
The sacrilegious sinfu' stains
Of lappert blood and human brains.
   The thunder roar'd -- the sweeping blast
Their reekit, riven rags, blew past,
An' show'd their parchment throw the glim,
Reistit, squalid, swarth, and grim;
The skin hang down in shrivell'd flaps,
Like spleuchans o'er their teethless chaps;
Thro' skinny lips their blasted breath
Mix'd wi' the wind and smelt of death.

A waesum, wild, wanliesum sight,
Enough to quench the fires of night,
And blanch the lightning's livid light,
Nae 'winsome wench' was there, I ween,
Like *Cutty Sark*, to cheer the scene,
But blackest horror reign'd profound,
And threw its veil o'er all around.
   Wi' breathless terror, and with awe,
John spied what cow'd him warst ava':
The dame wha gae him sic a fright,
An' frae the Loan-head took her flight;
The hag that vow'd to work his ruin,
And set the hurricane a-brewin';
'Elspet, Mausie, fatal sisters,
Of the thread o' life the twisters' --
She cried, "Come quickly, let us brew
Frae hemlock, helebore, and yew;
And by the cawdron's paley leam
We'll do the deed without a name;
Let each fling in her darge of death,
To 'nick the thread and chock the breath'.
But are ye sure he hasna pass't?"--
               Elspet.
I smell the braggart i' the blast.
               Mauzie.
Then, sisters, here's a bishop's gizzard.
               Elspet.
The tongue of Michael Scott the wizard.
               Grizzel.
Three yaldrin's eggs, wi devil's blood;
Five draps in each, e'er since the flood.
               Mauzie.
Three brander't bats, well stew'd and slic'd,
Wi' stour o' dead men's een well spic'd.
               Elspet.
Twa howlet's een -- a corbie's maw.
               Grizzel.
The gullet of a hoodie craw.
               Mauzie.
Scum the cawdron -- feed the fuel --
Come, steer about the smervy gruel.

Elspet.
The liver of an unspean'd kitten.
Mauzie.
The thumb of Faustus' doddy mitten.
Grizzel.
The kaim and bells of cock that crew
Ere morning night's black curtain drew.
Elspet.
The dying drops by Voltaire sweaten.
Grizzel.
The gagger lip o' Card'nal Beaton.
Mauzie.
From wand of Sidrophel a sprig --
Three curls of Justice Jeffrey's wig --
Wi' nine drops of his black heart's gore,
Extracted frae the very core.
Grizzel.
Well done Mauzie, that's a spell
Wad conjure a' the deils in hell;
Pour the heart's blood, drop by drop;
See how it flares upo' the top!
Three an' three, an' three, mak' nine,--
Steer about the hellish brine.

   They scum'd the cawdron, fed the fuel --
They steer'd and pree'd the smervy gruel.
The mair they steer'd, the mair they pree'd,
The mair increas'd their hellish speed.
They flang and lap, an' lap and flang --
Fleat and yammer't, grat and sang --
Flew ower and ower the dreary biggin',
An' rade stride-legs upo' the riggin'.
O mercy! what a shameful sight --
The bats and howlets scream'd wi' fright;
Wi' mony a wild, unearthly cry
They skirr'd alang the blazing sky.
   Wicked hags, abhorr'd and shameless,
Your ither pranks shall here be nameless;
For vow! your cantrips to hae seen
Had petrified a priest to stane;
An' flesh wad creep to hear it utter'd,
The sinfu' jargon that ye mutter'd.

150

Aye, legs wad totter -- knees wad bend --
Blood leave the cheek -- hair stand on end --
Cauld sweat distil -- the bleach'd lip quiver --
The hail machine wad shake and shiver;
Een wildly stare, and stout hearts fail,
To hear sae strange, sae wild a tale.
   The vagrant dead, a gloomy host,
Now march'd frae Pluto's 'dreary coast,'
And onward scour'd, in waefu' train,
The shades of those wham John had slain.
Three hundred fleeting forms, and more,
A' grim in death and soil'd wi' gore;
Goblins whinnert thro' the air
Wi' chowlin' chafts and burnin' hair;
Gruesome fiends, black, gruff, and grim,
Weel charg'd wi' brunstane to the brim --
Demons, dragons, spectres dire,
Spewin' reek, an' riftin' fire;
An' grisly ghaists, and 'devils damn'd,'
Wi' liquid fire and sulphur cram'd,
Flew to the spot, and full in view,
Danc'd round puir John, th' infernal crew;
New murder'd corses skimm'd the heath,
Wat wi' the cauld dew-draps o' death;
They glided past like snaw or sleet,
Their faces pale's their winin' sheet;
Some glowr'd an' thratch'd, in deadly throws,
Wi' death-fix'd een and open jaws;
Syne glampit at the vacant air,
An' vanish'd wi' the lightning's glare.
   Now grimly kyth'd amang the crew
'The master-fiend that Milton drew.'
He dought appear in ony shape,
Down frae a Titan to an ape,
Or, as his whimsies might prevail,
Up frae an emmet to a whale;
Or less, or bigger far than either,
Or in nae shape ava' thegither;
That night, albeit, wi' solemn air,
He fill'd the judge's sacred chair;
To meet out justice to his lieges,
His gravity was most prodigious;

151

Wi' specks on nose, an' three-tail'd wig,
The wary fiend loom'd bluff and big.
Dark lurid clouds around him hung,
And vengeance hurtl'd on his tongue.
His wig, wi' sulphur powder'd well,
In ringlets o'er his shoulders fell
Upon a robe of sable hue
Made frae the stuff that never grew --
That ne'er was spun by mortal hand --
The produce of another land!
The forkit lightning form'd his chair!
His bench, a murky cloud of air.
Condens'd in form, it stood before 'm,
Chief justice of th' infernal *Quorum*.
Swith wi' ae glance the motley crew
Were rang'd within his eagle view.

   Alack-a-day! waesucks for John!
His mergh an' mettle now are gone;
Courage, vigour, might, and glory,
Are fleeting all and transitory;
Naething steady here is found --
The very earth itsel' flees round,
Just like a tap, or whirliegiggin,
That fouk can scarcely keep its riggin',
But are in danger, O Gude guide us!
Of being toss'd on *Georgium Sidus!*
Forc'd to a comet's tail to cling,
Or whirl'd round on Saturn's ring.

   Nae man can be a man forever,
The hour is come, and John maun shiver,
And shake like willow wi' the wind,
Or Quaker after having sinn'd;
For wha could fecht wi' forms of air,
Or ware their flesh on banes sae bare;
An' weel kend he, it was nae joke
To tig wi' fiends that vomit smoke;
Or yet wi' wirriekows to mingle,
That brimstane belsh, or book up ingle.

   He stood aghast, in waefu' case,
Wi' duntin' heart and ruefu' face;
Tho' still he strove his fears to hide,
He thought upon his ain fireside;

How neighbour Tam, secure frae harms,
Lay sound asleep in Elspa's arms,
While he was daidelt like a wonder,
Drench'd wi' rain, and deav'd wi' thunder;
And piercing wind, and lightning's sheen,
Were like to blind his lookin' een;
In danger, too, at ilka breath,
Of being 'claid in his last claith;'
For sic a crew wad thought nae sin
To 'brize his saul ayont the skin;'
Or lang before the night was done,
To douk him deep in Acheron.

Ochon! for man's uncertain state!
What waes on life's grim journey wait!
What dangers are we doom'd to brave
'Between the cradle and the grave!'
   The chieftain now, wi' yell and whoop,
To order call'd his grisly troop;
'Thrice he yowl'd thro' lungs of leather,'
To bring the ghastly band thegither.
This done -- for music loud he roar'd; --
A sullen voice growl'd -- "Yes, my Lord:"
And in a wink before him stood
A figure neither flesh nor blood.
At first the mirk obscur'd its form;
It hovert dimly through the storm,
And whisper't John, "Know, to your cost
I am the Patagonian's ghost,
Whom you on Terra Fuego slew,
Musician to this hellish crew
If I had only play'd my spring,
I'll gar your ribs, you rascal, ring,
As ye did mine upon Cape Horn --
Ye'se never see the light o' morn."
   When lo! a flash of vivid light
Unveil'd him quickly to the sight.
He tower'd aloft just like a steeple --
Or say, like Saul, aboon the people;
His een were dismal, hollow sockets,
'As empty as a poet's pockets;'
I mean a poet in days of yore,
For now they've gowd an' gear galore;

But muses vile their lays inspire,
When Pegassus is rode for hire!
Howe'er so sweet they spring from art,
Gowd fires the head, but chills the heart.
　　Sae fares it, Wattie Scott, wi' you,
Ye 'piper to the bold Buccleugh;'
Ye 'screw your pipes an' gar them skirl,'
Till siller frae our pouches birl.
Ye write baith in an' out o' season,
Three verse for rhyme to one for reason;
It's true your lines rin smooth an' clink well;
But oh! you like the bookman's chink well!
As soon's ye clench each flowing line,
Twa gowden guineas clink and shine;
They charm your ear, they charm your eye,
'With all a poet's ecstacy.'
Heavenly music, heavenly fire,
Eneugh auld Plutus to inspire,
Or gar the Devil streek his lyre;
E'en poesy draw from Turks and Jews,
For gowd may sometimes fee a muse.
　　O shame upon your venal lyre,
It heats my vera blood to fire,
To hear your fulsome partial praise
Peal'd through 'Don Rod'rick's' lofty lays!
There living heroes ride sublime
Upon the surge of flowing rhyme;
But weary fa' your tunefu' tongue,
The dead lie silent and unsung;
Wi' foreign mools deep cover'd o'er
Upon Corunna's dreary shore.
　　Belike they mauna grace thy page
That canna yeild thee patronage.
　　I grudge not Wellington his fame;
I grudge not Beresford a name;
Or 'glory to the gallant Graeme!'
But should not every honour due
Be paid the dead, and living too?
By Heaven! I swear, ye're sair to blame!
That Moore should 'rest without his fame.'
How could you, Scott, forget the grave
Where sleeps the ashes of the brave?

154

But yet, Sir, glory's wreath shall bloom
Around his hallow'd, silent tomb;
And streaming eyes shall view the spot,
When 'Roderick's Vision' is forgot.
    You seek the court, and flee the lawn --
To wealth you cringe -- on power you fawn --
Pour incense at the courtier's shrine,
Wi' you the great are aye divine!
You dinna 'sing to village churls,
But to high dames and mighty earls,'
    Then sing, Sir, to the rich, the great --
The proper gudgeons for your bait;
Help Southey wi' his *Birth-day Odes*,
Make princes angels, victors gods;
And as you greet the royal ears,
Forget not, oh! to 'rend the spheres!'
And give them honour, grace and glory,
As I do in this humble story.
    For you to fawn sae, 'tis a shame!
Indeed, poor Southey's nae to blame:
For wha could laureate be appointit
That wadna laud the Lord's anointit --
His ministers and a' their measures,
The pomp of princes and their pleasures;
That wadna gloss ilk public grievance,
And screen the hirelings of St. Stephens;
Nay, laud a spy, or ruthless jailor --
But wae betide thee, *'Watty Tyler!'*
Thou'st laid the laureate on his back,
An' gard him shiver for his sack;
It's true, dear Bays, and well you know it,
Yet still you are a pretty poet:
I therefore pray thee to excuse
The havins of a hamely muse;
She ne'er was taught finesse or fawning,
Like *Castlereagh* and *Mister Canning*.
    It's easy for the 'best of kings'
To deal about his straps and strings,
And ony courtly cringing wight
To dub a Marquis or a Knight;
Or to create, by the same rule,
A renegade his poet and fool!

155

A sordid elf, to pipe for pay:
In politics the Priest of Bray!.
But can he mak' an Honest Man? --
Ah! sorrow fa' me if he can!
So sang the bard, now dead and gone --
Poor Burns! Apollo's dearest son!
 'Tis said, and I believe the tale,
'His humblest reed could more prevail --
Had more of strength, diviner rage,
Than all that charms this laggard age.'
Yet still a narrow-minded few,
A feeble, canting, creeping crew,
Conspire to blast his honest fame,
And heap reproaches on his name;
Because, alas! the bard has shown
Far finer feelings than their own.
He was na just a saint like Southey,
That never sinn'd, nor yet was drouthy:
What tho' he lik'd a social glass --
What tho' he lo'ed a bonny lass?
He ne'er disgrac'd his well-strung lyre,
By chanting balderdash for hire;
Nor roos'd he ony courtly elf,
Or bow'd the knee for warld's pelf.
The mavis, as she hails the morn,
The speckl'd gowd-spink on the thorn,
The lark, on dewy pinions borne,
Pour forth their lays for sic reward
As did their kindred rural bard;
Ae kindly blink o' Jeanie's e'e
O'erpaid him for his minstrelsy.
His tale is told, his song is sung --
Deaf is his ear, and mute his tongue;
The pigmies now may safely rail --
He canna answer for himsel';
And if he dought, wha wad hae dar'd
To tamper wi' the mighty bard?
It would be folly in a wren
To beard the lion in his den.
   Wae worth the bard, again I say,
That sings for guerdon, or for pay.

Now, by my fay, I'm going bonny on,
I'd maist forgot the Patagonian;
Like Butler, wi' his bear and fiddle,
I've left the subject i' the middle:
But to my story now I'll fast stick;
I mauna fa' the Hudibrastic.
    Well, soaring o'er the squalid host,
We left the giant's grimly ghost;
Like the oak above the underwood,
In majesty the spectre stood.
His banes were bare, and bleach'd like linen,
While ev'ry art'ry, nerve, and sinen,
Were screw'd in concert, flat and sharp,
To whistle like the Aeolian harp;
Ilk tendon, taut like thairm, was lac'd;
Twa wounds, seem'd sound holes on his breast;
And as the wind at times fell low,
Or ceas'd a hurricane to blow,
His fingers then supplied the blast,
As o'er the twanging chords they past;
And neither thunder, rain, or fire,
Could e'er untune that awsome lyre.
    As soon's he rear'd him to the storm,
His shrivell'd fibres 'gan to mourn;
And frae his hollow trunk soon came out
A' the notes upo' the gamut.
First dismal sounds of deep despair
Burst hollow on the troubl'd air,
Join'd by the minstrel's vocal tones --
Unearthly wails, and dolefu' groans;
The air was sad -- the key was low --
The words were wild -- the measure slow.
Anon he trill'd it, light and airy,
Sweet as the harp of ony fairy.
When lightly tipt the tiny crew
O'er hillocks green, and tipple dew;
As if to show his lyric skill,
And that the tones were at his will:
But voices grummelt, "Please your honour,
We canna hear him for the thunner!"
When Satan bellow'd, fierce with ire --
"You duxy lubber, brace your lyre!

157

Still higher yet! you fiend, play higher!!"
    Now, swith wi' vir, he whirl'd him round
An hideous instrument of sound!
His fleshless fingers swept the lyre
With all a minstrel's force and fire:
Oh, then, indeed! the coil began,
Sic sounds ne'er reach'd the ears of man:
From right to left, before, behind,
He flang his music on the wind:
In whispers, sighs, loud yells, and screams,
Such as are heard in devil's dreams;
Eldrich, eerie, uncouth strains,
That turn'd a' their heads and brains:
Till midnight hags did round him gallop!
An' gar'd their wither'd hurdies wallop!
Hobgoblins round an' round him whirl'd,
Auld grey-beard warlocks lap an' skirl'd --
Pou'd the hair frae ither's pallets,
And tore, in wrath, the witches' callets;
The lightnin' flash'd -- the wind blew sharper,
Louder squeel'd the fleshless harper!
O'er treble height he rais'd his lays,
The thunder growl'd a double bass!
Till swith inspir'd by his ain lyre,
He up an' till't himself like fire --
Hurra'd, an' cheer'd, an' feez'd his chanter,
An' lap, like Meg to Rob the Ranter!
Shook his brainless skull in passion,
And roar'd like ony bull o' Bashan.
As thro' the mazy dance he whirlt,
The vera ground below him dirlt.
Still loud and louder howl'd the storm --
The harper skirlt up *"Tullochgorum;"*
Followed fast by *"Callum Brogie,"*
"Delvin Side," and *"Boat o' Logie,"*
Wi' vengefu' vir, and norlan' twang,
Till a' his banes and fibres rang;
An' a' the devils in a ring
Yarkit up the Highland fling;
They yell'd and whiskit round and round,
And duntit wi' their paws the ground;
'The vera moudieworts were stunn'd;'

E'en Satan seem'd to enjoy the sport;
He cried, "My hearties, that's your sort,
Come, keep it up my jolly boys!
Nor let me interrupt your joys;
Ill wad it suit my robes and wig,
To whirl in a waltz or jig;
But be assur'd, neist haly night,
I'll skelp it up wi' a' my might:
Fandangos, jigs, strathspeys, and reels,
Aye, till the fire flees frae my heels."
The assembly echoed their applause,
And cheer'd him thrice wi' loud huzzas!
The vera ghaists play'd antic pranks;
They screight an' shook their spindle-shanks!
An' lent each other ruthless paiks
Athort the bare and merghless spaiks;
While still, at ilka thud and sough,
They cried "Well done! - hey!! - hilloa!!!
   whoogh!!!"
Clappit their wither'd hands and leugh,
Till, 'mid the din of dance and battle,
Their banes were heard for miles to rattle!
Beatin' time, expert, and nimble,
Douff like drum, and snell like cymble;
An' aye's they fell to crockinition,
Their wizent timbers stour'd like sneishin!
An' flew, in cluds, athort the lift,
As choakin' thick as yowden drift.
    Puir John was fain to clear their range, or
Sooth his ribs had been in danger;
For mony a time, when eident loupin',
They slyly tried heels up to coup 'im;
An' fidgin' fain to try his mettle,
Did mony a leerup at him ettle;
But Belzie bade them stand aloof,
Till of his guilt they brought some proof.
    When lo! a spectre, lank and pale,
Advanc'd to tell his waefu' tale;
Wi' mony a scar his visage frown'd,
His bosom gash'd wi' mony a wound;
His een were oot, but thro' the sockets
The lightnin' play'd like Congreve rockets!

His maughtless hands on's thigh-bones clatter'd,
His fleshless jaws on ither chatter'd;
The wind sang thro' his sapless form,
Which rockit to the roarin' storm,
And issuing mony a dreary sound,
Join'd concert with the scene around.
"Grim king of brimstane, soot, and fire,"
He said, "I come at your desire:
An allagrugous, gruesome spectre,
A' gor'd and bor'd, like Trojan Hector:
How slim and shrivell'd is that corpus
That ance was plump as ony porpus;
In darkness, and on whirlwinds borne,
On me ne'er blinks the light o' morn;
Nor zephyrs blawn by breath o' day,
Can on my pallid carcase play:
My flesh, devour'd by hungry worms,
Has left my banes to dree the storms
Of wind, and rain, and fires, you see --
O mercy! what will come o' me"
   He shook, convuls'd, and strove to cry --
His tears were drain'd -- the source was dry;
The rain ran down his cheek-banes clear,
Unmingl'd wi' ae briny tear;
His moisture a' was drunken up,
And bitter, bitter, was his cup:
Deep frae his breast came many a groan.
He paus'd a while, and then went on --
"Ance dear to me the morning ray --
Ance dear the radiant beams of day;
And sweet the gloamin's purple gleam
That dy'd the bosom of the stream;
But now, maist welcome to my sight
The darksome hues of dreary night,
And a' that nature's face deforms,
Dire earthquakes, famine, fire, and storms;
I carena though this globe should moulder,
An' a' creation gae to sculder!"
   To whom the chief -- "Your murmur cease!
I see the hardship of your case;
But this is not the point in hand --
Come, tell me quickly, I command --

160

Upon your oath -- if that's the man
Who circumscrib'd your mortal span?"
(His right hand, pointing straight to John,
Who clos'd his eyes, and heav'd a groan).
He swore -- then said, "May I be scourg'd
If I am not of malice purg'd,
And eke revenge, and partial counsel,
Albeit the brute has used my sconce ill;
Wi' mony words I winna deave ye,
Mark down   *depones affirmatively."*
Syne chowl'd his chanler chafts at John,
An' vanish'd wi' a doleful groan.
John chowl'd again -- and cried, "I scorn ye,
Ye shadow of a sly attorney;
If such as you I'd only slain,
My arm had ne'er been rais'd in vain."
   Swith, wi' a how and hollow sound,
A figure startit through the ground,
And rais'd baith yird and stane upright:
O vow! it was an awsome sight,
A heedless trunk, in anguish, stood,
Sair bor'd wi' wounds, an' smear'd wi' blood:
Ae arm a stump -- the ither bore
The gausty pallet, grim wi' gore.
He loutit him, wi' due respec',
An' toutit thro' his hummel neck:
His speech was eldrich and uncouth,
'Cause losin's head, he'd lost his mouth:
He spake a language rough and rude,
Yet he was eithly understood.
The Judge exclaim'd -- "Enough! retire!
And hark ye, raise a rousin' fire!"
He flang at John the gory pow,
An' disappear'd a' in a lowe.
   The harper, in a mournfu' strain
Sang how by John he had been slain:
And how he lay upon Cape Horn,
His flesh by rav'nous vultures torn;
Sang how they pick'd his banes sae bare,
And pluckit frae his pow the hair
To nestle saft their savage young:
A dowie sang as e'er was sung.

161

An' how, without a' earthly motion,
His ghost had cross'd the Atlantic Ocean,
Five thousand miles frae his cauld hame,
Swift gliding o'er the saut-sea faem;
While, as he skim'd the ocean along,
He harpit to the mermaid's song;
And he harpit high, and he harpit low,
As the air was calm, or the wind might blow;
Until his will and weary ghost
Came bump against the *Scotian* coast;
And soon by the breeze frae the land he smelt
It was there where his bloody murderer dwelt.
More he said 'twas bootless to tell,
The rest was known to Nick full well.
Here the justice nodded assent,
And harping, away the minstrel went.
     The Kelpie likewise gae his aith,
That John had tried to stap his breath,
An' did misguide him past assistance.
     Now mony a gaunt and shadowy form
Rode hideous on the roaring storm;
In grim procession, rank and file,
Their line extended mony a mile;
They pointed to their gaping wounds,
And skim'd alang wi' eerie sounds:
As each pass'd John in sad review,
The blood stream'd frae his wounds anew,
Which plainer told than words might tell,
'Twas by his murd'rous hand they fell.
     Like vision in a prophet's dream,
The Chief bestrode the North-Esk stream;
Ae foot in Mearns, and ane in Angus
(Lord keep sic gentry out amang us!)
Colossus-like, he tower'd on high,
Till wi' his wig he brush'd the sky;
Then, loud as thunder, roar'd out "havock!"
The sound rang thro' the hill o' Garvock;
O'er Marykirk and Coble-heugh,
And down the dale wi' hollow sough;
While Craigo woods, and Martin's Den,
Re-echoed "havock" back again;

Loud howl'd the yawning caves of night;
The watch-dogs yirr'd and yowl'd wi' fright;
The foxes wildly yowl'd wi' wonder,
And whing'd, and cower'd, and left their plunder;
The timid *teuchit* slouch'd its crest,
And cuddled closer to its nest;
The watchfu' mate flaff'd i' the gale
Wi' eerie screech and plaintive wail,
Now soar'd aloft, now scuff'd the ground,
And wheel'd in many an antic round;
The trouts div'd deeper i' the brook,
The hare, like ony aspin, shook,
And mortals quak'd on beds of fear
As echo pierc'd the drowsy ear;
Their rest disturb'd -- they wist not how,
The clammy sweat stood on the brow;
They heard the wind and beating rain,
An' dover't o'er asleep again.
Wi' mony a sigh and dolefu' grane,
John gaz'd stramulyert on the scene:
Dim wax'd the lustre o' his ee,
He guess'd the weird he had to dree;
Ilk creature's dread 'twere vain to tell,
E'en frae the benmost bores o' hell,
The damn'd rebellow'd back the yell!
Like lions prowlin' for their food,
Or tigers bath'd in human blood:
Grim furies spread their forkit fangs,
An' drove at John wi' furious bangs;
Neist witches claught him in a crack,
An' rove the duds frae aff his back;
The spunkies round his hurdies hirsel'd,
Till's vera hide was peel'd and birsel'd,
Wi' wicked glee the warlocks dous'd him,
And splash, into the river sous'd him!
Oh! never sin' he first was cradlet,
Was John sae sadly dung and daidlet;
Again they trail'd him to the shore --
For mercy he began to roar:
In turn the Kelpie cried "Encore!
Mercy! surely! ha, ha, te, hee!
Sic mercy as you show'd to me?

Sic mercy as you show'd the bouchers --
Ow! whare's your Latin now and vouchers,
Your fiery dragons and mulattos,
Your burning mounts and roas'n 'tatoes!
Your silks and satins, fibs, and scancin',
Your airy flights, and foreign dancin';
We hae ye, billy, i' the grip,
An' damn the dog that lets ye slip;
As lang's the blood runs i' your veins,
Or, while there's flesh upon your banes,
You never mair shall see your hame;
Nay, from the book of life your name,
Before the cock proclaim the morn,
Is doom'd to be eras'd and torn."
  Now fierce each miscreated form
Career'd upon the midnight storm,
Around their prey wi' ghastly grin,
And stunn'd his ears wi' horrid din:
They gnash'd their teeth, and spat and snor'd;
Some squall'd like cats -- some hoarsely roar'd;
The wildest howls, compar'd to theirs
Might seem the music of the spheres.
Earth trembl'd thrice; another shake
Had clear'd the cuff o' Atlas' neck,
And launch'd this mighty ball apace,
To range the bounds of endless space.
It coggl'd thrice, but at the last
It rested on his shoulders fast.
  Still, huge in stature, stood the Chief,
Like Lochnagar or Teneriffe:
When clouds upon their summits lie --
They seem to prop a low'ring sky:
He loudly howl'd -- "Ye furies catch him,
And to the sooty regions snatch him;
Swith do your work -- flay, blast, and burn,
The hour that severs night from morn
Is on the wing, and soon ye'll hear
The silver voice of chanticleer;
Then haste, before the dawn of day
Deprives us of our lawful prey;
Come, clapperclaw him while ye may."

Now a' the crew prepared at ance
To shower a volley on his banes,
And peal'd forth sic an awsome yell --
He swarf'd wi' fear, and senseless fell
Upon the sward wi' hollow groan,
And lay as cauld and still's a stone;
While, in their reckless random speed,
To number him among the dead,
The fiends row'd ower him where he lay,
And grapplet ither for their prey.
But, ere he met his final doom,
Aurora peep'd athwart the gloom;
The grey cock clapp'd his wings and crew --
The harper loud a parley blew;
The morning air sang i' the blast;
The hour of retribution's past;
And helter-skelter, swift aff flew
The Deil an' a' the infernal crew;
They scream'd -- then vanish'd frae the sight,
Like empty visions o' the night.
The bleeding shadows of the slain
Fast glided to their graves again,
A' cauld and pale, as snaw-flakes driven
Athwart the dusky arch of heaven,
When winter waves his frozen spear,
And sternly rules the 'varied year;'
And, wing'd with speed, the fiendish host
Betook them to another coast;
But what the coast, or where it lay,
Is not for silly bard to say.
    And now the thunder ceas'd to roar,
The forkèd lightning flash'd no more --
Rain ceased to fa' -- the wind to breathe --
And a' was calm and still as death --
A', save the rushing of the stream,
And past events seem'd like a dream.

*   *   *   *   *   *

No further light the record gives,
Save that the valiant hero lives --
A pilgrim on this mortal stage,
And has attained a good old age;
That it hath been his happy lot
Five times to tie the nuptial knot;
To be the spouse of five sweet flowers
As ever blush'd in bridal bowers --
A dire reproach to every dunce
That never grac'd the altar once.
Lang may he live, unvex'd with care:
'None but the brave deserve the fair;'
Lang may he live, baith hale and sound,
And never fecht another round
'Till death slip sleely on, and gie
                    the hinmost wound.'

44   THE MONYMUSK CHRISTMAS BA'ING

John Skinner
1721-1807

Has ne'er in a' this countra been,
　Sic shou'dering and sic fa'ing,
As happen'd but few ouks sinsyne,
　Here at the Christmas Ba'ing.
At evening syne the fallows keen
　Drank till the niest day's dawing,
Sae snell, that some tint baith their een,
　And could na pay their lawing
　　　　　Till the niest day.

Like bumbees bizzing frae a byke,
　Whan hirds their riggins tirr;
The swankies lap thro' mire and syke,
　Wow as their heads did birr!
They yowff'd the ba' frae dyke to dyke
　Wi' unco speed and virr;
Some baith their shou'ders up did fyke,
　For blythness some did flirr
　　　　　Their teeth that day.

Rob Roy, I wat he was na dull,
　He first leit at the ba',
Syne wi' a rap clash'd Geordie's skull
　Hard to the steeple-wa'.
Wha was aside but auld Tam Tull? --
　His frien's mishap he saw, --
Syne rair'd like ony baited bull,
　And wi' a thud dang twa
　　　　　To the yird that day.

167

The tanner was a primpit bit,
  As flimsy as a feather,
He thought it best to try a hit,
  Ere a' the thrang shou'd gadyr:
He ran wi' neither fear nor wit,
  As fu' o' wind's a bladder;
Unluckily he tint the fit,
  And tann'd his ain bum-lether
        Fell weel that day.

Syne Francie Winsy steppit in,
  A sauchin slivery slype,
Ran forrat wi' a furious din,
  And drew a swinging swype.
But Tammie Norie thought nae sin
  To come o'er him wi' a snype,
Levell'd his nose flat wi's chin,
  And gart his swall'd een sype,
        Sawt tears that day.

Bockin red bleed the fleep mair caum,
  Ran hame to his nain mammy:
"Alas," co' Katie, when she saw him,
  "Wha did you this, my lammie?"
"A meikle man," co' he, "foul faw him,"
  But kent na it was Tammie,
"Rax'd me alang the chafts a wham
  As soon as e'er he saw me,
        And made me blae."

"Deil rax his chandler chafts," co' Kate,
  "For doing you sic wrang,
Gin I had here the skypel skate,
  Sae weel's I shou'd him bang!"
The gilpy stood, and leuk't fell blate,
  To see her in sic a sang;
He squeel'd to her, like a young gyte,
  But wad na mird to gang
        Back a' that day.

168

The hurry-burry now began,
　　Was right weel worth the seeing,
Wi' routs and raps frae man to man,
　　Some getting, and some gieing;
And a' the tricks of fit and hand,
　　That ever was in being;
Sometimes the ba' a yirdlins ran,
　　Sometimes in air was fleeing,
　　　　　　Fu' heigh that day.

Stout Steen gart mony a fallow stoit,
　　And flang them o'er like fail;
Said, "he'd na care ae clippit doit,
　　Tho' a' should turn their tail."
But wi' a yark Gib made his queet
　　As dwabil as a flail,
And o'er fell he, maist like to greet,
　　Just at the eemest ga'ill,
　　　　　　O' the kirk that day.

The sutor like tod-lowrie lap,
　　Three fit at ilka stend:
He did na miss the ba' a chap,
　　Ilk ane did him commend.
But a lang trypall there was Snap,
　　Cam' on him wi' a bend;
Gart him, ere ever he wist, cry clap
　　Upon his nether end;
　　　　　　And there he lay.

Sanny soon saw the sutor slain,
　　He was his ain hawf-brither;
I wat right well he was fu' brain,
　　And fu' could he be ither?
He heez'd in ire a puttin-stane,
　　Twa fell on him thegither,
Wi' a firm gowff he fell'd the tane,
　　But wi' a gowff the tither
　　　　　　Fell'd him that day.

In came the insett Dominie,
   Just riftin frae his dinner,
A young mess John, as ane cou'd see,
   Was neither saint nor sinner.
A brattlin band, unhappily,
   Drave by him wi' a binner,
And heels-o'er-goudie coupit he,
   And rave his guid horn penner
      In bits that day.

Leitch lent the ba' a loundrin lick,
   She flew fast like a flain;
Syne lighted whare faes were maist thick,
   Gart ae gruff Grunsie grain.
He whippit up a rotten stick,
   I wat he was na fain,
Leitch wi's fit gae 'im sic a kick,
   Till they a' thought him slain,
      That very day.

There was nane there could Cowlie byde,
   The gryte guidman, nor nane,
He stenn'd bawk-height at ilka stride,
   And rampag'd o'er the green:
For the kirk-yard was braid and wide,
   And o'er a knablick stane,
He rumbl'd down a rammage glyde,
   And peel'd the gardy-bane
      O' him that day.

His cousin was a bierly swank,
   A derf young man, hecht Rob;
To mell wi' twa he wad na mank
   At staffy nevel-job:
I wat na fu' but on a bank,
   Whare gadder'd was the mob,
The cousins bicker'd wi' a clank,
   Gart ane anither sob,
      And gasp that day.

Tho' Rob was stout, his cousin dang
   Him down wi' a gryte shudder;
Syne a' the drochlin hempy thrang
   Gat o'er him wi' a fudder;
Gin he should rise, and hame o'ergang,
   Lang was he in a swidder;
For bleed frae's mou' and niz did bang,
   And in gryte burns did bludder
         His face that day.

But, waes my heart, for Petrie Gib,
   The carlie's head 'twas scaw't,
Upo' the crown he got a skib,
   That gart him yowll and claw't.
Sae he wad slip his wa' to Tib,
   And spy at hame some fawt;
I thought he might hae gott'n a snib,
   Sae thought ilk ane that saw't,
         O' th' green that day.

But taylor Hutchin met him there,
   A curst unhappy spark,
Saw Pate had caught a camshack cair
   At this uncanny wark.
He bade na lang to seek his lare,
   But, wi' a yawfu' yark,
Whare Pate's right spawl, by hap, was bare,
   He derfly dang the bark
         Frae's shins that day.

Poor Petrie gae a weary winch,
   He could na do but bann;
The taylor baith his sides did pinch,
   Wi' laughing out o' hand;
He jee'd na out o' that an inch,
   Afore a menseless man,
Came a' at anes athort his hinch
   A sowff, and gart him prann
         His bum that day.

The Priest's hireman, a chiel as stark
　　As ony giant cou'd be,
He kent afore o' this day's wark,
　　For certain that it wou'd be,
He ween'd to drive in o'er the park,
　　And ilk ane thought it shou'd be;
Whether his foot had mist its mark,
　　I canna tell, but fou't be,
　　　　　　He fell that day.

'Ere he cou'd change th' uncanny lair,
　　And nae help to be gi'en him,
There tumbled a mischievous pair
　　O' mawten'd lolls aboon him.
It wad ha made your heart fu' sair,
　　Gin ye had only seen him;
An't had na been for Davy Mair,
　　The rascals had ondune him,
　　　　　　Belyve that day.

Cry'd black Pate Mill, "God save the King!"
　　Cry'd gley'd Gib Gun, "God grant it;"
Syne to the ba' like ony thing,
　　Baith ran, and baith loud vauntit.
But auld James Stuart drew his sting,
　　Tauld them they could na want it;
He sware he'd gar their harnpans ring
　　Till black Pate Mill maist fantit,
　　　　　　For fear that day.

A stranger bra', in Highland claise,
　　Leit mony a sturdy aith,
To bear the ba' thro' a' his faes,
　　And nae kep meikle skaith.
Rob Roy heard the fricksome fraise,
　　Weel girded in his graith;
Gowff'd him alang the shins a blaize,
　　And gart him tyne his faith
　　　　　　And feet that day.

172

His neiper was a man o' might,
  Was few there could ha' quell'd him,
He did na see the dreary sight,
  Till some yap gilpy tell'd him.
To Robin syne he flew outright,
  As he'd been gaun' to geld him;
But, dolefu' chance, frae some curst wight,
  A clammy-houit fell'd him,
          Hawf dead that day.

The millart's man, a suple fallow,
  Ran's he had been red wud;
He fethir'd fiercely like a swallow,
  Cry'd, hech! at ilka thud.
A gawsie gurk, wi' phiz o' yellow,
  In youthood's sappy bud,
Nae twa there wad ha gart him wallow,
  Wi' fair play i' the mud
          On's back that day.

Tam Tull upon him cuist his ee,
  Saw him sae mony fuilzie;
He green'd again some play to pree,
  And raise anither bruilzie.
Up the kirk-yard he fast did jee,
  I wat he was na hoilie,
And a' the kenzies glowr'd to see
  A bonnie kind o' tuilzie
          Atween them twa.

The millart never notic'd Tam,
  Sae browden'd he the ba',
He rumbl'd rudely like a ram,
  Dang o'er whiles ane, whiles twa.
His enemy in afore him cam',
  Ere ever he him saw;
Raught him a rap on the forestam,
  But had na time to draw
          Anither sae.

Afore he could step three inch back,
   The millart drew a knife,
A curst-like gullie and a snack,
   Some blacksmith's wark in Fife.
The lave their thumbs did blythly knack,
   To see the stalwart strife;
But Tam, I ken, wad gien a plack
   T' hae been safe wi' his wife,
         At hame that day.

The parish-clark came up the yard,
   A man fu' meek o' mind;
Right jinch he was, and fell weel-fawr'd,
   His claithing was fu' fine.
Just whare their feet the dubs had glawr'd
   And barken'd them like bryne,
Gley'd Gibby Gun wi' a derf dawrd,
   Beft o'er the grave divine
         On's bum that day.

When a' were pitying his mishap,
   And swarm'd about the clark,
Wi' whittles some his hat did scrap,
   Some dighted down his sark,
Will Winter gae the ba' a chap,
   He ween'd he did a wark,
While Sanny wi' a weel-wyl'd wap,
   Yowff'd her in o'er the park
         A space and mair.

Wi' that Rob Roy he gae a rair,
   A rierfu' rout rais'd he,
'Twas heard, they said, three mile and mair,
   Wha likes may credit gie.
I wyte his heart was fu' o' care,
   And knell'd fell sair to see,
The cleverest callant that was there,
   Play himsel' sic a slee
         Begeck that day.

Jock Jalop shouted like a gun,
  As something had him ail'd:
"Fy, Sirs," co' he, "the ba' spel's won,
  And we the ba' ha'e hail'd."
Some green'd for hawf an hour's mair fun,
  'Cause fresh and nae sair fail'd:
Ithers did Sanny gryte thanks cunn,
  And thro' their haffats trail'd
            Their nails that day.

Syne a' consented to be frien's,
  And lap like sucking fillies:
Some red their hair, some maen'd their banes,
  Some bann'd the bensome billies.
The pensy blades doss'd down on stanes,
  Whipt out their snishin millies;
And a' ware blyth to tak' their einds,
  And club a pint o' Lillie's
            Best ale that day.

Has ne'er in Monymuss been seen
  Sae mony weel-beft skins:
Of a' the bawmen there was nane
  But had twa bleedy shins.
Wi' strenzied shouders mony ane
  Dree'd penance for their sins;
And what was warst, scoup'd hame at e'en,
  May be to hungry inns,
            And cauld that day.

Note: This version, from John Skinner's Songs and Poems 1859,
  differs in many details, particularly of spelling, from
  the *Caledonian Magazine* 1788 text.

There lives a man in Rhynie's land,
   Anither in Auchindoir;
The bravest lad amo' them a',
   Was lang Johnny Moir.

Young Johnny was an airy blade,
   Fu' sturdy, stout, and strang;
The sword that hang by Johnny's side,
   Was just full ten feet lang.

Young Johnny was a clever youth,
   Fu' sturdy, stout, and wight;
Just full three yards around the waist,
   And fourteen feet in hight.

But if a' be true they tell me now,
   And a' be true I hear;
Young Johnny's on to Lundan gane,
   The king's banner to bear.

He hadna been in fair Lundan
   But twalmonths twa or three,
Till the fairest lady in a' Lundan
   Fell in love wi' young Johnny.

This news did sound thro' Lundan town,
   Till it came to the king,
That the muckle Scot had fa'in in love
   Wi' his daughter, Lady Jean.

Whan the king got word o' that,
   A solemn oath sware he;
This weighty Scot sall strait a rope,
   And hangèd he shall be.

When Johnny heard the sentence past,
   A light laugh then gae he;
While I hae strength to wield my blade,
   Ye darena a' hang me.

The English dogs were cunning rogues,
　About him they did creep,
And gae him draps o' lodomy
　That laid him fast asleep.

Whan Johnny waken'd frae his sleep,
　A sorry heart had he;
His jaws and hands in iron bands,
　His feet in fetters three.

O whar will I get a little wee boy
　Will work for meat and fee;
That will rin on to my uncle,
　At the foot o' Benachie?

Here am I, a little wee boy,
　Will work for meat and fee;
That will rin on to your uncle,
　At the foot o' Benachie.

Whan ye come whar grass grows green,
　Slack your shoes and rin;
And whan ye come whar water's strong,
　Ye'll bend your bow and swim.

And whan ye come to Benachie,
　Ye'll neither chap nor ca';
Sae well's ye'll ken auld Johnny there,
　Three feet abeen them a'.

Ye'll gie to him this braid letter,
　Seal'd wi' my faith and troth;
And ye'll bid him bring alang wi' him
　The body, Jock o' Noth.

Whan he came whar grass grew green,
　He slack't his shoes and ran;
And whan he cam whar water's strong,
　He bent his bow and swam.

And whan he came to Benachie,
  Did neither chap nor ca';
Sae well's he kent auld Johnny there,
  Three feet abeen them a'.

What news, what news, my little wee boy?
  Ye never were here before;
Nae news, nae news, but a letter from
  Your nephew, Johnny Moir.

Ye'll take here this braid letter,
  Seal'd wi' his faith and troth;
And ye're bidden bring alang wi' you
  The body, Jock o' Noth.

Benachie lyes very low,
  The Tap o' Noth lyes high;
For a' the distance that's between,
  He heard auld Johnny cry.

Whan on the plain these champions met,
  Twa grizly ghosts to see;
There were three feet between their brows,
  And shoulders were yards three.

These men they ran ower hills and dales,
  And ower mountains high;
Till they came on to Lundan town,
  At the dawn o' the third day.

And whan they came to Lundan town,
  The yetts were lockit wi' bands;
And wha were there but a trumpeter,
  Wi' trumpet in his hands.

What is the matter, ye keepers all?
  Or what's the matter within,
That the drums do beat, and bells do ring,
  And make sic dolefu' din?

There's naething the matter, the keeper said,
  There's naething the matter to thee;
But a weighty Scot to strait the rope,
  And the morn he maun dee.

O open the yetts, ye proud keepers,
  Ye'll open without delay;
The trembling keeper, smiling, said, --
  O I hae not the key.

Ye'll open the yetts, ye proud keepers,
  Ye'll open without delay;
Or here is a body at my back,
  Frae Scotland hae brought the key.

Ye'll open the yetts, says Jock o' Noth,
  Ye'll open them at my call;
Then wi' his foot he has drove in
  Three yards braid o' the wall.

As they gaed in by Drury-lane,
  And down by the town's hall;
And there they saw young Johnny Moir,
  Stand on their English wall.

Ye're welcome here, my uncle dear,
  Ye're welcome unto me;
Ye'll loose the knot, and slack the rope,
  And set me frae the tree.

Is it for murder, or for theft?
  Or is it for robberie?
If it is ony heinous crime,
  There's nae remeid for thee.

It's nae for murder, nor for theft,
  Nor yet for robberie;
It's but for loving a lady gay,
  They're gaun to gar me dee.

O whar's thy sword, says Jock o' Noth
　　Ye brought frae Scotland wi' thee?
I never saw a Scotsman yet,
　　But cou'd wield a sword or tree.

A pox upo' their lodomy,
　　On me had sic a sway;
Four o' their men, the bravest four,
　　They bore my blade away.

Bring back his blade, says Jock o' Noth,
　　And freely to him it gie;
Or I hae sworn a black Scot's oath,
　　I'll gar five million dee.

Now whar's the lady, says Jock o' Noth,
　　Sae fain I wou'd her see?
She's lock'd up in her ain chamber,
　　The king he keeps the key.

So they hae gane before the king,
　　With courage bauld and free;
Their armour bright cast sic a light,
　　That almost dim'd his e'e.

O whar's the lady, says Jock o' Noth,
　　Sae fain I wou'd her see?
For we are come to her wedding,
　　Frae the foot o' Benachie.

O take the lady, said the king,
　　Ye welcome are for me;
I never thought to see sic men
　　Frae the back o' Benachie.

If I had ken'd, said Jock o' Noth,
　　Ye'd wonder sae muckle at me,
I wou'd hae brought ane larger far
　　By sizes three times three.

Likewise if I had thought I'd been
  Sic a great fright to thee,
I'd brought Sir John o' Erskine park,
  He's thretty feet and three.

Wae to the little boy, said the king,
  Brought tidings unto thee;
Let all England say what they will,
  High hangèd shall he be.

O if ye hang the little wee boy
  Brought tidings unto me;
We shall attend his burial,
  And rewarded ye shall be.

O take the lady, said the king,
  And the little boy shall be free;
A priest, a priest, then Johnny cried,
  To join my love and me.

A clerk, a clerk, the king replied,
  To seal her tocher wi' thee.
Out it speaks auld Johnny then,
  These words pronouncèd he:--

I wantnae lands and rents at hame,
  I'll ask nae gowd frae thee;
I am possess'd o' riches great,
  Hae fifty ploughs and three;
Likewise fa's heir to ane estate
  At the foot o' Benachie.

Hae ye ony masons in this place,
  Or ony at your call,
That ye may now send some o' them,
  To build your broken wall?

Yes there are masons in this place,
  And plenty at my call;
But ye may gang frae whence ye came,
  Ne'er mind my broken wall.

They've ta'en the lady by the hand,
  And set her prison free;
Wi' drums beating, and fifes playing,
  They spent the night wi' glee.

Now, auld Johnny Moir, and young Johnny Moir,
  And Jock o' Noth, a' three
The English lady, and the little wee boy,
  Went a' to Benachie.

From: Peter Buchan.
      Ancient Ballads and Songs
        of the North of Scotland   1828

182

'Twas in abut nicht's weerty hour,
Nae meen nor stars ga'e licht,
Quhan Gairtly's baul an beirly Baronne,
Red hemward thro' the nicht.

Sturdy was that Baronne's speir,
Deidly his battle bran,
Docht nae man bide aneth the straik,
O' his uplifted han'.

Frae his weir cape thre blak fethers,
Nod owre his dark brun bru,
Durst nae man speir quhain he them gat,
Or he had cause to rue.

His mayle o' stele frae neck to heel,
Wi' witchin spel was boun',
'Twas clasp'd sae fast, weir's deidlest blast,
Nane cud that Baronne woun'.

On coal black steid, wi' feerious speid,
The Baronne he spur'd on,
Nae grusome gaist, nor blak boodie,
Cud fleg that baul Baronne.

Frae the blak visart o' the lift,
The fyre flaucht gleeds the skie,
Ye're welcome quo' the baul Baronne,
To licht me on my wye.

Athwart the lyft the thu'ner rair'd,
Wi' awfu' hottrin din,
'Twil wauken the wardmen on my wa',
To lat their lord win in.

The Baronne reach't the wan water,
Or he dru brydle ryne,
An' the rowtin' o' that darke water
Wud hae fley't ten thusan' men.

'Twud hae fley't a' but the baul Baronne,
But the never a fear fear't he,
Tho' the first step the Baronne's horse gae,
It wat him to the kne.

The neist an step the Baronne's horse gae,
Cam owr the sadle bow,
Its lyke we twa will weet our feet,
Afore that we win' throw.

Quha rydes, quha rydes, sae far in nicht?
Cry'd sum unyirdly pour;
Quha kenns na that the Kelpie rouls,
At this untimous hour?

Quha rydes, quha rydes, sae far in nicht,
Quhair Kelpie has comman?
Dare nae man pass this faimin' feer'd,
An' livin' win to lan'.

Ther cam a froun on that Baronne's bru,
An' scornfu' laughed he,
Nae voice o' air or slim shado,
Shal ever dauntin me.

Gae voice unblest to thy bed o' rist,
Gin onie rist there be,
For throw this feer'd I meen to pas,
An' I'll nae speir leeve o' the.

The Kelpie gae an eldritch grane,
The faimin' feerd did ryve,
An' up ther rayse a fearsom sicht,
Quhilk nae man can descryve.

A thing lik a slaiky houn' ther cam',
An' clacht him by the spaul,
But the Baronne dru his deidly bran,
Gart Kelpie tyne his haul.

Gin ye be Gairtly's baul Baronne,
As I trow weel ye be,
The yungest o' my weird sisters,
Is deip in luve wi' the.

An' a' for my sister's sake I lat,
Thy steid an' thee gae on,
Nae yirdly man sic favour has
But thee thu baul Baronne.

And he's ryden on and farther on,
And doun yon dowie den,
And the wyld bull bood frae the eyrie wood,
And the rocks answer'd agayn.

Tho' the wyld bull bood, and the howlet skreem'd,
Yet feerles was he the quhile,
He croon'd aft owre unhaly sangs,
His jurney to begyle.

And he's ryden on and farther on,
An' never slak'd his speid,
Till he wan the yett o' his castell,
An' halted his coal blak steid.

An' quhat meens this? quo' the angry Baronne,
An' a feerfu' glowr gae he,
Nae watch licht on my battlements,
Quhair they were wont to be.

He has taen his horn frae his stell belt,
An' blu a blast fu' baul,
That waken'd the corbie on his eerie tap,
An' the tod forhuit the faul.

He has taen his bugle horn agen,
An' a bauler blast blu he,
Yet a' was styl as the deep sylence,
O' the deid man's cemetrie.

185

He has ta'en his bugle horn agen,
An' a blast o' weir blu he,
Quhan lud spack out the bellyborn blin,
As he stuid on the watch touir hie.

Quhat man o' weir or rank robber,
Disturbs our nichtly sleip,
Yet the mot brig is up, the yett lockit,
An' the key safe i' the keip.

To thy bluidy den speid thu dark robber,
Nor waken us wi' thy din,
Gif I war to waken our new com'd Lord,
He wad thro' the i' the lin'.

An' quha is he that stalwart Lord?
In Gairtly does he byde?
I thocht here wonn'd that baul Baronne,
Quhase fame had waxèd wyde.

That Baronne gaed to the deidly weir,
Full sax lang munths sinsyne,
His body lyes caul i' the gory field,
An' his saulygs in Purgatories pine.

He had na been gane a daie, a daie,
A munth bat only three,
Quhan our lady marry't him yung Lesmore,
O' the blythe an' blynkin e'e.

Awa wi the thu rank robber,
Speid owr the nichtly du,
Gif ye waken them in brydal bed,
Its doubtles ye will ru.

The Baronne frun'd, his face turn'd blak,
His een o' the pale deed hu,
An' thre tymes did the blak fethers,
Nod owr his dark brun bru.

An' he's rydden on to the weird sisters,
Seven myles aneth the Bin,
Hurra thu gauntin' grim porter,
Lat Gairtly's Baronne in.

The red het dore the porter jeed,
An' stuid i' the Baronne's sicht,
Ar the weird sisters at hame goblin?
Or ar they abrod at nicht?

I' the cave that's pav'd wi' deid men's sculs,
This nicht the feest maun be sprede,
The sisters ar gane to the rottin kirk-yerd,
To howk the new won deid.

The Baronne rade to the rottin kirk-yerd,
A' bi' the blue weird licht,
To yirdly man this kythed then,
An allagrugus sicht.

They had howkit frae a gref a new won corse,
War scrapin the flesh frae the banes,
The verra banes an' grisles they gran,
Atweesh twa blak milstanes.

The flesh they war seethin in hell caudrons,
To be there divlish feed,
Ilk ane frae a skul o' unkirsn'd bairn,
Wis lappin the deid men's bluid.

Hurra ye gauntin' grim sisters,
Cees, cees, your warks o' bluid,
Ye promis'd to help a baul Baronne,
Nu mak your promis guid.

Nu do to me ye weird sisters,
That deid without a name,
My fausse Lady an' her leman,
Hae brocht my hous to shem.

187

Cast cantrips fell, wurk powerfu' spel,
O' deidliest glamorie,
To wurk them wae this verra nicht,
I maun revengèd be.

.   .   .   .   .

Nu yung Lesmore an's Lady fair,
War boun' to brydal bed,
Quhan yung Lesmore wi' statly step,
Unto his Lady said.

Fesh me my cote o' mayle, Lady,
My shield bat an' my speir,
Three tymes I hard a trumpet bla',
An' the third blast it blu weir.

In soothe my Lord ye ar too fond,
To mix in battel stour,
It's bat the wardmen on my wa',
That souns the midnicht hour.

A' the lang nicht Lesmore gauntit,
The never a wink slept he,
Quhat ayles this castel o' yours Lady?
Its shoggin lyke a trie.

The castel o' Gairtly's biggit fu' stut,
Wi' touirs baith heigh an' sma',
Tho' they rock to the wynds o' nicht,
Nae feer that it will fa'.

Lesmore started to his elback,
An angry man was he,
I canna sleep i' your castel Lady,
The reek is smorin me.

Ly still, ly still, my yung Lesmore,
Dinna sae waukrife be,
Its bat the smeuk o' the hil meer burn,
The win bla's in to thee.

An' quha's that auld an' gyr carlin,
Wi' a staff o' the deid man's bane?
That's kneepin kneepin thro' the ha',
Bat word speiks never nane.

Quhy sleip ye not my dear Lesmore?
Alas! ye gar me weep,
Its bat my sillie bouir woman,
That's gangin in her sleip.

O Lady dear, my Lady fair,
W'u'd I to sleip were gane,
Bat I canna get sleip, I canna get piece,
For the grons o' dien men.

.   .   .   .   .

The grey cock gat up an' flappit his wings,
An' lud an' baul cru he,
The blythe morn glynted owr the hill tap,
An' the birds sang merrilie.

Bat that morn schaw'd a feerfu' sicht,
As ever man did see,
For the castel wa' was blak as seet,
An' the reef was the heven's hie.

Nae livin' thing in that castel,
Saw mornin' licht agen,
Ther was naething left bat the blak chymnes,
An' wa's o' blak brent stane.

Lang has the castel bleecht i' the win,
Yet quhiter it winna be,
Bat the wyld flours bla' on the reefles wa',
An' corbies build ther aeyrie.

From: Alexander Laing.
      The Thistle of Scotland:
        A Selection of Ancient Ballads   1823

189

Will ye gang to the Hielans, my bonnie love?
  Will ye gang to the Hielans, Geordie?
I'll tak' the high road, gin ye tak' the low,
  And I'll be in the Hielans afore ye.

I'd rather for to stay on the bonnie banks o' Spey
  To see a' the fish boaties rowin',
Afore that I would gang to your high Hielan hill
  To hear a' the black kye lowin'.

He had not been in the high Hielan hills
  Months but barely twa, O,
When he was put in a prison strong
  For hunting the deer and the roe, O.

Where will I get a wee little boy
  That is baith true and steady,
That will run on to the bonnie Bog o' Gight
  Wi' a letter to my lady?

Oh, here am I, a bonnie wee boy
  That is baith true and steady
And I'll run on to the bonnie Bog o' Gight
  Wi' a letter to your lady.

When you come where the grass grows green
  You'll slacken your shoes and run, O,
And when you come where the bridge is broke
  You'll bend your bow and swim, O.

And when you come to the bonnie Bog o' Gight
  You'll neither shout nor call, O,
But you'll bend your bow to your left breast
  Then leap in over the wall, O.

When he came where the grass grew green
  He slackened his shoes and ran, O,
And when he came where the bridge was broke
  He bent his bow and swam, O.

And when he came to the gates of Gight
  He did neither shout nor call, O,
But he bent his bow to his left breast
  And he leaped in over the wall, O.

When that the lady the letter looked on,
  I wat little laugh got she, O,
Afore she had read it half way down
  A saut tear blinded her e'e, O.

Gae saddle to me the grey horse, she cried,
  The broon never rode so smartly,
And I'll awa' to Edinburgh town
  And borrow the life o' my Geordie.

When she came to the pier o' Leith
  The puir folk stood thick and mony.
She threw the red gowd right them among,
  Bade them pray for the life o' her Geordie.

When that she came to Edinburgh town
  The nobles there were mony,
Ilka ane wi' his hat on his head,
  But hat in hand stood Geordie.

O has he killed, or has he robbed,
  Or has he stolen ony?
Or what's the ill that my love has done
  That he's going to be hanged shortly?

He has not killed, he has not robbed,
  He has not stolen ony,
But he has hunted the King's young deer,
  So he's going to be hanged shortly.

Will the red gowd buy aff my love, she said,
  Will the red gowd buy aff Geordie?
Ten thousand crowns, if ye pay down,
  Ye'll get on your hat on your Geordie.

Then out it speaks Lord Montague
   (O woe be to his body),
This day we hanged young Charlie Hay
   The morn we'll hang your Geordie.

She's taen the silk mantle frae her neck,
   And, O, but she spread it bonnie;
Wi' his hat in her hand she has begged all around,
   Till she's begged the life o' her Geordie.

Some gave crowns and some gave pounds,
   Some gave dollars mony;
The King himself gave five hundred crowns
   To get on her hat on her Geordie.

Then out it speaks Lord Montague
   (O woe be to his body),
I wish that Gight had lost his head,
   I might enjoyed his lady.

But out it speaks the lady herself,
   Ye need ne'er wish my body;
O ill befa' your wizened snout,
   Would ye compare wi' my Geordie?

Now since she's on her high horse set,
   And on behind her Geordie,
There was ne'er a bird so blythe in a bush
   As she was behind her Geordie.

First I was lady at bonnie Auchindoun,
   And next I was mistress at Kincraigie,
But now I'm guidwife at the bonnie Bog o' Gight,
   And I've ventured my life for my Geordie.

The eighteenth of October,
  A dismal tale to hear;
How good Lord John and Rothiemay,
  Was both burnt in the fire.

When steeds was saddled and well bridled,
  And ready for to ride;
Then out came her and false Frendraught,
  Inviting them to bide.

Said -- "Stay this night untill we sup,
  The morn untill we dine;
'Twill be a token of good greement,
  Twixt your good Lord and mine."

"We'll turn again," said good Lord John --
  "But no," said Rothiemay,
"My steeds trapan'd, my bridles broken,
  I fear the day I'm fey."

When mass was sung and bells was rung,
  And all men bound for bed,
Then good Lord John and Rothiemay,
  In ane chamber was laid.

They had not long cast off their claiths,
  And were but new asleep, --
When the weary smoke began to rise,
  Likewise the scorching heat.

"O, waken, waken, Rothiemay,
  O waken, brother dear,
And turn ye to our Saviour,
  There is foul treason here."

When they were dressed in their cloaths,
  And ready for to boun';
The doors and windows was all secured,
  The rooftree burning down.

He bid him to the wire-window,
    As fast as he could gang,
Says -- "Wae to the hands put in the stancheons,
    For out we'll never win." --

When he stood at the wire-window,
    Most doleful to be seen,
He did espy her Lady Frendraught,
    Who stood upon the green.

Cried -- "Mercy, mercy, Lady Frendraught,
    Will ye not sink with sin?
For first your husband killed my father,
    And now you burn his son."

O, out and spoke her Lady Frendraught,
    And loudly did she cry --
"It were a great pity for good Lord John,
    But not for Rothiemay,
But the keys are cast in the deep draw-well,
    And ye cannot get away."

While he stood in this dreadful plight,
    Most piteous to be seen,
Then called out his servant Gordon,
    As he had frantic been.

"O loup, O loup, my master dear,
    O loup and come to me;
I'll catch you in my armis two,
    One foot I will not flee.

"O loup, O loup, my master dear,
    O loup and come to me;
I'll catch you in my arms two,
    But Rothiemay may dee."

"The fish shall never swim in the flood,
    Nor corn grow through the clay,
Nor the fiercest fire that ever was kindled,
    'Twin me and Rothiemay.

"But I cannot leap, I cannot come,
    I cannot win to thee;
My head's fast in the wire-window,
    My feet burning from me.

"My eyes are seething in my head,
    My flesh is roasting also,
My bowels are boiling with my blood,
    Is that not woeful woe?

"Take here the rings from my white fingers,
    That are so long and small,
And give them to my lady fair,
    Where she sits in her hall.

"So I cannot loup, I cannot come,
    I cannot loup to thee,
My earthly part is all consumed,
    My spirit but speaks to thee."

Wringing her hands, tearing her hair,
    His lady she was seen;
Calling on his servant Gordon,
    Where he stood on the green.

"O wae be to you, George Gordon,
    An ill death may ye dee,
So safe and sound do you stand there,
    And my lord bereaved from me."

"I bad him loup, I bad him come,
    I bad him loup to me,
I'd catch him in my arms two,
    A foot I should not flee.

"He threw me the rings from his white fingers,
    Which were so long and small,
To give to you his lady fair,
    Where you sat in the hall."

Sophia Hay, Sophia Hay,
  O bonny Sophia was her name --
Her waiting maid put on her cloaths,
  But I wat she tore them off again.

And oft she cried, "Ohon! alas! alas!
  A sair heart's ill to wan,
I wan a sair heart when I married him,
  And the day it's well returned again."

From: James Maidment.
          Scotish Ballads and Songs   1868

The Laird o' Drum is a-wooing gane,
    It was on a morning early,
And he has fawn in wi' a bonnie may
    A-shearing at her barley.

"My bonnie may, my weel-faur'd may,
    O will ye fancy me, O;
And gae and be the Lady o' Drum,
    And lat your shearing abee, O."

"It's I canna fancy thee, kind sir,
    I winna fancy thee, O
I winna gae and be Lady o' Drum,
    And lat my shearing abee, O.

"But set your love on anither, kind sir,
    Set it not on me, O,
For I am not fit to be your bride,
    And your hure I'll never be, O.

"My father he is a shepherd mean,
    Keeps sheep on yonder hill, O,
And ye may gae and speir at him,
    For I am at his will, O."

Drum is to her father gane,
    Keeping his sheep on yon hill, O,
And he has gotten his consent
    That the may was at his will, O.

"But my dochter can neither read nor write,
    She was ne'er brought up at schule, O,
But weel can she milk cow and ewe,
    And mak a kebbuck weel, O.

"She'll win in your barn at bear-seed time,
    Cast out your muck at Yule, O,
She'll saddle your steed in time o' need,
    And draw aff your boots hersell, O."

"Have not I no clergymen?
    Pay I no clergy fee, O?
I'll schule her as I think fit,
    And as I think weel to be, O.

"I'll learn your lassie to read and write,
    And I'll put her to the schule, O;
She'll neither need to saddle my steed,
    Nor draw aff my boots hersell, O.

"But wha will bake my bridal bread,
    Or brew my bridal ale, O;
And wha will welcome my bonnie bride,
    Is mair than I can tell, O."

Drum is to the hielands gane,
    For to mak a' ready,
And a' the gentry round about,
    Cried, "Yonder's Drum and his lady!

"Peggy Coutts is a very bonnie bride,
    And Drum is a wealthy laddie,
But he micht hae chosen a higher match,
    Than onie shepherd's lassie."

Then up bespak his brither John,
    Says, "Ye've deen us meikle wrang, O,
You've married een below our degree,
    A lake to a' our kin, O."

"Hold your tongue, my brither John,
    I have deen you na wrang, O,
For I've married een to wirk and win,
    And ye've married een to spend, O.

"The first time that I had a wife,
    She was far abeen my degree, O;
I durst na come in her presence,
    But wi' my hat upo' my knee, O.

"The first wife that I did wed,
   She was far abeen my degree, O;
She wadna hae walked to the yetts o' Drum
   But the pearls abeen her bree, O.

"But an she was ador'd for as much gold,
   As Peggy's for beautie, O,
She micht walk to the yetts o' Drum
   Amang gueed companie, O."

There war four and twenty gentlemen
   Stood at the yetts o' Drum, O,
There was na ane amang them a'
   That welcom'd his lady in, O.

He has tane her by the milk-white hand,
   And led her in himsel, O,
And in thro' ha's, and in thro' bouers, --
"And ye're welcome, Lady o' Drum, O."

Thrice he kissed her cherry cheek,
   And thrice her cherry chin, O;
And twenty times her comely mou', --
   "And ye're welcome, Lady o' Drum, O.

"Ye sall be cook in my kitchen,
   Butler in my ha', O;
Ye sall be lady in my command,
   Whan I ride far awa, O."

"But I told ye afore we war wed,
   I was owre low for thee, O;
But now we are wed, and in ae bed laid,
   And ye maun be content wi' me, O:

"For an I war dead, and ye war dead,
   And baith in ae grave laid, O,
And ye and I war tane up again,
   Wha could distan your mouls frae mine, O?"

From: George Ritchie Kinloch.
         Ancient Scottish Ballads   1827

50.1   Adapted from: Johnny Gibb of Gushetneuk.

William Alexander

1826-1894

Neep brose an' the kitchie kyaaks.

Dramatis Personae: Mrs. Birse: Tam Meerison, foreman:
Second horseman: Orra man: Bailie:
Mr. Peter Birse: Miss Eliza Birse:
Benjie Birse.

Scene 1. In the kitchie at Clinkstyle. Tam and his comrades
are complaining bitterly about the food, supper for several
nights having consisted of boiled turnips and turnip brose,
and are bellowing like cattle. Mrs. Birse bursts in.

Mrs. B.   An' fat hae ye to say against gweed sweet neeps to
yer sipper, I sud like to ken?
Tam   Oh weel, it's owre af'en to hae them ilka nicht 'cep
Sunday for a haill ouk.
Mrs. B.   Owre af'en! birst the stammacks o' ye; fat wud ye
hae?
Tam   A cheenge files.
Mrs. B.   For fat, no? There's fowk maybe 't kens their place
better nor set their servan's doon at the same table wi'
themsells; and gin ye hinna leern't that muckle gweed
breedin' yet, the seener ye're taucht it the better; fat sorra
div ye wunt?
Tam   We wunt naething but a fair diet.
Mrs. B.   A fair diet! An' weel 't sets ye -- aw wud thank ye
to tell me fan *your* fader -- the roch dyker, was able to
gie's faimily aneuch o' onything to ate. But that's aye the
gait; them that's brocht up like beggars's aye warst to
please. ... Deed they're but owre gweed for ye -- wi' weel
hir't brose, an' plenty o' as gweed milk to yer kyaaks as
ever cam oot o' a byre.
2nd H.   Sang, it needs't a' -- near aucht days aul', an'
as blue as blaeworts; -- but it's nae the milk 't we're
compleenin o' eenoo.

Mrs. B. Na, an' ye wud be baul' to compleen, ye ill-mennert pack; but ye'll jist tak yer neeps there, an' nae anither cheep oot o' the heids o' ye; or gin ye dinna, we'll ken fat wye to tak' an order o' ye.

2nd H. Tak' an order o' the aul' Smith, an' ye like; neeps sax nichts oot o' the seyven winna stan' law at ony rate.

Mrs. B. An' it's muckle *ye* ken aboot law. Jist gae ye on till I need to gar yer maister tak' ye afore the Shirra, an ye'll maybe hae some diffeekwalty in stannin yer grun for refeesin a gweed halesome diet.

2nd H. Aweel, aw daursay ye've had the chance o' hearin' the Shirra afore noo.   (*Exit Mrs. B., wrathful*)

2nd H. Ach, Tam, ye shid've stuck'n up better to the aul' soo.

Scene 2. Ben-a-hoose at Clinkstyle.
(*Enter Mrs. B., wrathful*)

Mrs. B. I'm sure, man, I'm jist keepit in a fry wi' ae coorse pack aifter anither; ye seerly wile the vera warst that ye can get fan ye gae to the market.

Mr. B. Hoot, 'oman, ye sudna vex yersel' aboot them.

Mrs. B. Easy to ye; but an' ye hed the maetin o' them 's I hae, ye wud tell anither story. A vulgar, ill-fashion't set.

Mr. B. Fat's been adee eenoo?

Mrs. B. Adee! refeesin their neeps, an' makin' a din like as mony nowt fan they cam' in.

Mr. B. Hoot awa'.

Eliza Yes, an' I heard the second horseman cursin' aboot the kitchie cakes.

Mrs. B. An' fat did he say, my dear?

Eliza He bann't at Betty, an' said they werena fit for swine to eat.

Mrs. B. An' fat did Betty say, Liza?

Eliza She said 't hoo 't she cudna help it; that it was your orders to mak' them weet i' the hert to keep the men fae eatin' owre muckle.

201

Mrs. B. The dooble limmer! An' her luikin a' the time 't a bodie speaks till 'er as gin butter wudna melt in her cheek.

Eliza Weel, I heard 'er at ony rate; for I was jist gaen up the stair, an' stoppit and hearken't at the back o' the inner kitchie door.

Mrs. B. The oongratefu ill-menner't jaud 't she is. But I'll sort 'er for that. She'll be expeckin to get some leavin's i' the taepot, to be a cup till 'er fan the men gaes oot to sipper the beasts, as eeswal; but she'll luik wi' clear een ere she sees that again, I doot. That's the reward 't fowk gets for their kin'ness to the like o' 'er.

Mr. B. Benjie! fat are ye deein pirlin aboot at yer breid that gate?

Benjie Weel, Liza's gi'en's a nae gweed bit, an' winna hae't 'ersel.

Mr. B. The breid's a' perfeckly gweed -- ate it this moment, sir!

Mrs. B. Fat is't, my pet?

Benjie Weel, it's nae gweed.

Mrs. B. Liza, that's a bit o' the kitchie kyaaks -- fat wye has that come here?

Eliza I dinna know. It was upo' the truncher.

Mrs. B. Is there mair o't? eh ay -- here's twa korters! Betty cudna but 'a kent that she was pitten't upo' oor maun. I sudna won'er nor she's stown as muckle o' the parlour breid till hersel'. Sic creaturs wi' oonhonesty. Lay that twa korters by, Liza, till we see better intill't. I'se be at the boddom o' that, though it sud cost her 'er place. Here, Benjie, there's a better bittie to ye, my dautie.

Mr. B. Hoot, 'oman...

Mrs. B. Weel, weel, try't yersel', gin ye hae onything to say. But ye canna expeck the bairn's stamackie to be able to disjeest the like o' that.

Mr. B. Humph, I cud ate it brawly.

50.2   Adapted from: Johnny Gibb of Gushetneuk.

William Alexander
1826-1894

The news of the marriage.

(The marriage of Peter Birse, junior had taken place the previous day
at the house of Samuel Pikshule, a relative of the bride.)

Dramatis personae: Meg Raffan, the henwife:
Hairry Muggart: Mrs. Muggart.

Scene: Hairry's hoose.
(Enter Meg Raffan)

Meg   Ou ay, Hairry, man! This is a bonny wye o' gyaun on!
Dinna gar me troo't ye wisna dancin' the heilan' walloch
the streen. Fa wud 'a thocht 't ye wud 'a been needin' a
file o' an aul' day to rest yer banes aifter the mairriage?
Mrs. M.   Deed an' ye may jist say't, Hennie. Come awa' ben
an' lean ye doon. Fat time, think ye, came he hame, noo?
Hairry   Weel, but it's a lang road atween this an' the
Broch, min' ye, an' ye cudna expeck fowk hame fae a
mairriage afore it war weel gloam't.
Mrs. M.   Weel gloam't! I'se jist haud my tongue, than.
Better to ye speak o' grey daylicht i' the mornin'.
Hairry   Hoot, fye. The souter's lamp wasna oot at
Smiddyward fan I cam' in'o sicht o't fae the toll road.
Meg   Ou, weel-a-wat, ye've deen won'erfu', Hairry. Ye hed
been hame ere cock-craw at ony rate. An' nae doot it wud be
throu' the aifterneen afore ye gat them made siccar an' wan
awa' fae the Kir'ton.
Hairry   Ay, an' dennerin' an' ae thing or ither.
Meg   Hoot, noo; aw mith 'a min'et upo' that. An' coorse the
like o' young Peter Birse wudna pit's fowk aff wi' naething
shabby. Hed they a set denner, said ye?
Hairry   Weel, an they hedna, I'se haud my tongue. Aw
b'lieve Samie's wife was fell sweir to fash wi' the kyeukin
o't. Jist fan they war i' the deid thraw aboot it the tither

day, I chanc't to luik in. 'Weel, I'se pit it to you, Hairry,' says she. 'Fan Samie an' me wus mairriet there was a byowtifu' brakfist set doon -- sax-an'-therty blue-lippet plates (as mony plates as mony fowk) naetly full't o' milk pottage wi' a braw dossie o' gweed broon sugar i' the middle o' ilka dish, an' as protty horn speens as ever caird Young turn't oot o's caums lyin' aside the plates, ready for the fowk to fa' tee. Eh, but it was a bonny sicht; I min't as weel's gin it hed been fernyear. An' the denner! fan my lucky deddy fell't a hielan' sheep, an' ilka ane o' the bucks cam' there wi's knife in's pouch to cut an' ha'ver the roast an' boil't, an' han't roun' amo' the pairty. *He* was a walthy up-throu' fairmer, but fat need the like o' that young loon gae sic len'ths?' says she. 'Ou, never ye min', Mrs. Pikshule,' says I, 'gin there be a sheep a-gyaun, it'll be hard gin ye dinna get a shank o't -- It'll only be the borrowin' o' a muckle kail pot to gae o' the tither en' o' yer rantle-tree.'

Meg Na, but there wud be a richt denner -- Nelly Pikshule wasna far wrang, it wudna be easy gettin' knives an' forks for sic a multiteed.

Hairry N---, weel, ye see, puckles o' the young fowk wudna kent sair foo to mak' eese o' them, though they hed hed them. Samie 'imsel cuttit feckly, bit aifter bit, on a muckle ashet, wi's fir gullie, 't I pat an edge on till 'im for the vera purpose; ithers o's han't it roun'; an' they cam' a braw speed, weel-a-wat, twa three o' them files at the same plate, an' feint a flee but their fingers -- a tatie i' the tae han', an' something to kitchie't wi' i' the tither.

Meg Eh, wasnin't a pity that the bridegreem's mither an's sister wusna there to see the enterteenment. Weel, ye wud start for the Broch syne?

Hairry Aifter we hed gotten a dram; an' wuss't them luck. But jist as we wus settin' to the road, sic a reerie's gat up ye heard never i' yer born days! Aw'm seer an' there was ane sheetin' there was a score -- wi' pistills an' guns o' a' kin kin'. The young men hed been oot gi'ein draps o' drams; an' they hed their pistills, an' severals forbye; an' the tae side

204

was sheetin', an' the tither sheetin' back upo' them, till it was for a' the earth like a vera battle; an' syne they begood fungin' an' throwin' aul' sheen, ding dang, like a shoo'er o' hailstanes.

Meg   Na, sirs; but ye hed been merry. Sic a pity that ye hedna meesic. Gin ye hed hed Piper Huljets at the heid o' ye, ye wud 'a been fairly in order.

Hairry   Hoot, Meg; fat are ye speakin' aboot? Isna Samie Pikshule 'imsel' jist a prencipal han' at the pipes fan he likes? Aweel, it was arreng't that Samie sud ride upon's bit grey shaltie, an' play the pipes a' the road, a wee bittie afore -- he's ill at gyaun, ye ken, an' eeswally rides upon a bit timmer kin' o' a saiddlie wi' an aul' saick in aneth't. But aul' an crazy though the beestie be, I'se asseer ye it was aweers o' foalin' Samie i' the gutters, pipes an' a', fan a chap fires his pistill -- crack! -- roon' the neuk o' the hoose -- a gryte, blunt shot, fair afore the shaltie's niz! Samie hed jist begun to blaw, an' ye cud 'a heard the drones gruntin' awa', fan the shaltie gya a swarve to the tae side, the 'blower' skytit oot o' Samie's mou', an' he hed muckle adee to keep fae coupin owre 'imsel'.

Meg   Na; but that wusna canny!

Hairry   Samie was fell ill-pleas't, I can tell ye. 'Seelence that shottin this moment!' says he, 'or I'll not play anoder stroke for no man livin'.'

Mrs. M.   Eh, but it wusna mowse.

Hairry   Awat Samie was on's maijesty. 'Ye seerly don't know the danger o' fat ye're aboot,' says he. 'It's the merest chance i' the wordle that that shot didna rive my chanter wi the reboon o't.' An wi' that he thooms the chanter a' up an' doon, an' luiks at it wi's heid to the tae side. 'Ye dinna seem to be awaar o' fat ye're aboot. I once got as gweed a stan' o' pipes as ony man ever tyeuk in's oxter clean connacht the vera same gate,' says Samie.

Meg   Weel?

Hairry   Hoot! Fa sud hin'er Samie to hae the pipes a' fine muntit wi' red an' blue ribbons. An' ov coorse it was naitral that he sud like to be ta'en some notice o'. Nae fear o' rivin the chanter. Weel, awa' we gaes wi' Samie o' the shaltie, noddle-noddlin aneth 'im, 's feet naar doon at the grun, an' the pipes scraichin like onything. For a wee filie the chaps keepit fell weel in order; jist gi'ein a bit 'hooch', an' a caper o' a dance ahin Samie as they cud win at it for their pairtners; for ye see the muckle feck o' the young chaps hed lasses, an' wus gyaun airm-in-airm. But aw b'lieve ere we wan to the fit o' the Kirktoon rigs they war brakin' oot an' at the sheetin again. Mains's chiels wus lowst gin that time, an we wus nae seener clear o' the Kir'ton nor they war at it bleezin awa'; an' forbye guns, fat hed the nickums deen but pitten naar a pun' o' blastin' pooder in'o the bush o' an aul' cairt wheel, syne culf't it, an' laid it doon aneth the briggie at the fit o' the Clinkstyle road, wi' a match at it. Owre the briggie we gaes wi' Samie's pipes skirlin at the heid o's, an' pistills crackin' awa' hyne back ahin, fan the terriblest platoon gaes aff, garrin' the vera road shak' aneth oor feet!

Meg   Keep's an' guide's! Aw houp there wasna naebody hurtit.

Hairry   Ou, feint the ane: only Samie's shaltie snappert an' pat 'im in a byous ill teen again. But I'm seer ye mitha heard the noise o's sheetin' an' pipin', lat aleen the blast, naar three mile awa'.

Meg   Weel, Aw was jist comin' up i' the early gloamin, fae lockin' my bits o' doories, an' seein' that neen o' the creaturs wasna reestin the furth, fan aw heard a feerious lood rum'le -- an't had been Whitsunday as it's Mairti'mas aw wud 'a raelly said it was thunner. But wi' that there comes up o' the win' a squallochin o' fowk by ordinar', an' the skirl o' the pipes abeen a'. *That* was the mairriage -- Heard you! Aw wat, aw heard ye!

Hairry   Oh, but fan they wan geylies oot o' kent boun's they war vera quate -- only it disna dee nae to be cheery at a mairriage, ye ken.

Meg   An' fat time wan ye there?

Hairry   Weel, it was gyaun upo' seyven o'clock.

Meg   An' ye wud a' be yap aneuch gin than!

Hairry   Nyod, I was freely hungry, ony wye. But aw wat there was a gran' tae wytin's. An aunt o' the bride's was there to welcome the fowk; a richt jellie wife in a close mutch, but unco braid spoken; aw'm thinkin' she maun be fae the coast side, i' the Collieston wan, or some wye. The tables wus jist heapit at ony rate; an' as mony yalla fish set doon as wud 'a full't a box barrow, onlee't.

Meg   An' wus Peter 'imsel ony hearty noo?

Hairry   Wusnin 'e jist! Aw wus ye hed seen 'im; an' Rob his breeder tee, fan the dancin' begood. It wudna dee to say't ye ken, but Robbie hed been tastin' draps, as weel as some o' the lave, an' nae doot the gless o' punch 't they gat o' the back o' their tae hed ta'en o' the loon; but an *he* didna tak' it oot o' twa three o' the lasses, forbye the aul' fishwife, 't was bobbin awa' anent 'm b'wye o' pairtner, wi' 'er han's in 'er sides an' the strings o' 'er mutch fleein lowse. It's but a little plaicie, a kin' o' a but an' a ben, an' it wusna lang till it grew feerious het. I'se asseer ye, dancin' wasna jeestie to them that try't it.

Meg   Weel, mistress Muggart, isna yer man a feel aul' breet to be cairryin on that gate amon' a puckle o' daft young fowk?

Mrs. M.   Deed is 'e, Hennie; but as the sayin' is, 'there's nae feel like an aul' feel.'

Hairry   Ou, but ye wud 'a baith been blythe to be there, noo, an' wud 'a danc't brawly gin ye hed been bidden.

Meg   An' Samie ga'e ye the meesic?

Hairry   Maist pairt. They got a haud o' a fiddle -- there was a cheelie there 't cud play some -- but the treble string brak, so that wudna dee. An' files, fan they war takin' a kin' o' a breathin', he wud sowff a spring to twa three o' them; or bess till 'imsel' singin', wi' the fiddle, siclike as it was. Only Samie eeswally sat i' the ither en' to be oot o' their road, an' mak' mair room for the dancers, an' dirl't up the pipes, wi' a fyou o's that wusna carein' aboot the steer takin' a smoke aside 'im.

Meg   Na, but ye hed been makin' yersel's richt comfortable. Hedna ye the sweetie wives?

Hairry   Hoot, ay; hoot ay; Till they war forc't to gie them
maet an' drink an' get them packit awa' -- that was aboot
ten o'clock. An' gin than I was beginnin' to min' 't I hed a bit
traivel afore me. Aw kent there was nae eese o' wytin' for
the young fowk to be company till's, for they wud be seer to
dance on for a file, an' than there wud likly be a ploy i' the
hin'eren' at the beddin' o' the new-mairriet fowk; so Tam
Meerison an' me forgathered an' crap awa' oot, sin'ry like,
aifter sayin' good nicht to the bride in a quate wye -- Peter
was gey noisy gin that time, so we loot him be. We made 's
gin we hed been wantin' a gluff o' the caller air; but wi'
that, fan ance we wus thereoot, we tyeuk the road hame
thegither like gweed billies.

BIOGRAPHICAL

NOTES

AND

GLOSSARIES

Alexander, William 1826-1894

Born at Chapel of Garioch, he started his working life as a ploughman, but after losing a leg as the result of an accident he turned to journalism. His novel "Johnny Gibb of Gushetneuk", written in the dialect of the North East of Scotland as it was in the middle of the nineteenth century, was published in 1871 and serialised in the *Aberdeen Free Press*, of which he later became editor. He also wrote "Sketches of Life Among My Ain Folk" published in 1875, and "Notes and Sketches illustrative of Northern Rural Life in the Eighteenth Century", published in 1877.

Anderson, William 1802-1867

Born in Aberdeen, he became a weaver, but later joined the Aberdeen Harbour Police in which he rose to the rank of Lieutenant. He was a regular contributor for many years to "Poet's Corner" in the *Aberdeen Herald*. His sketches of Aberdeen life and personalities are note-worthy for their perspicacity. His "Rhymes, Reveries and Reminiscences" was published in 1851 and an enlarged second edition was issued in 1867.

Barbour, John 1316?-1395

One of the earliest and greatest of the ancient Scottish poets whose work has survived. He may not have been born in Aberdeen, but he was certainly Archdeacon there in 1357. He was a learned and talented ecclesiastic, who was involved in the negotiations for the ransom of King David II, and other diplomatic and scholarly missions in England and France as well as audit work for the king in Scotland. His epic, historical poem "The Brus," written in the Scots language of his day and completed in 1375, tells of the achievements of Robert the Bruce and his followers in the struggle for Scottish independance, and in securing the crown for himself and his family. It deals with Bruce's quarrel with the Comyns and refers to his harrying of Buchan:

> Gert his men burn all Buchaine
> Frae end to end and sparit nane
> And heryit them in sic maneir
> That eftre that, near fyfty zheir,
> Men menyt the herschip of Buchaine.

Most of his other work survives only in fragments, but his contribution to vernacular Scots poetry and history is enormous. His invocation to freedom refers to personal, rather than national, liberty.

Beattie, George   1786-1823

Eldest son of a crofter and salmon fisher at Whitehills, St. Cyrus, Kincardineshire, he was educated at the local school. When he was about 13 the family moved to Montrose, his father having obtained a post in the Excise. He worked as a clerk in Aberdeen for six weeks, but when his employer died leaving him £50 he returned to Montrose and started work in the office of the procurator-fiscal. After legal training in Edinburgh he set up in business as a solicitor in Montrose and his business talents brought him success. Having a highly developed sense of humour and great conversational ability he became very popular. His poem "John o' Arnha' " is based on the extraordinary, but fictitious, tales of John Findlay of Arnhall, a Town Officer of Montrose, about his personal valour and adventures, and on a fight between him and John Fraser, a Sheriff's Officer known as the Horner, at a fair there. It was first published in the *Montrose Review*, was later much revised and extended, and became very popular. He became engaged to be married to a young lady, but she fell heir to a small fortune and rejected him for someone of a better station in life. He was deeply affected by this, and shot himself by the side of his sister's grave in St. Cyrus Churchyard. A monument to him was erected there by his friends and admirers. A volume of his Poems was published in 1852, 1869 and 1882.

Beattie, Dr. James   1735-1803

Son of a small farmer and shopkeeper in Laurencekirk, having graduated M.A. at Marischal College, he became schoolmaster at Fordoun. After a spell as an usher at Aberdeen Grammar School, he was appointed, by the influence of a powerful friend, to the chair of moral philosophy and logic at Marischal College. He contributed pieces of poetry to the *Scots Magazine* and in 1771 the first book of his most famous poem "The Minstrel" appeared, followed in 1774 by the second book. This work brought him fame and the friendship of the most distinguished men of the day, including Goldsmith, Dr. Johnson, Garrick and Reynolds, as well as Dr. Porteus, who became Bishop of London, and several of the nobility whom he courted assiduously. His philosophical "Essay on Truth" was an attack on the doctrines of Hume, and though it was well received at the time, it,

211

like much of his other work, is now forgotten. Beattie strongly disapproved of the vernacular speech of his native land, and in 1779 published "A List of Two Hundred Scotticisms" not to be used in polite society, but he lived long enough to see most of them adopted into standard English. His domestic circumstances were tragic. His wife became insane and his two sons died in early manhood.

Buchan, Dr. Patrick   1814-1881
A native of Peterhead, he was the eldest son of Peter Buchan, the noted collector of ballads. He was educated at Marischal College and trained to be a doctor. After one or two voyages to Greenland, he practised medicine briefly in a country district, but then went to Glasgow where he became a West India merchant. The many songs which he contributed to *"Whistle Binkie"* and several other publications became very popular. In his retirement he lived at Orchardhill, Stonehaven. In 1873 he published, anonymously, "The Fairy Bride" and "The Guidman o' Inglismill," a verse tale in the North East dialect.

Burness, John   1771-1826
He was the youngest son of the farmer of Bogjordan, in Glenbervie, Kincardineshire. Both his parents died before he was thirteen, and he had very little education. After serving his apprenticeship as a baker in Brechin he enlisted in a Militia Corps, with whom he went to Dumfries, Stranraer and Shetland. While at Dumfries he wrote "Thrummy Cap" and met his second cousin Robert Burns shortly before his death. When his Corps was disbanded he became a baker in Peterhead, but was not successful and enlisted in another Militia, with whom he served for a good many years till he was discharged in Kildare. He set up in business as a baker in Stonehaven, but again failed to succeed. While acting as a book salesman he was overtaken by a snowstorm near Portlethen and perished. While "Thrummy Cap", which was long popular in the North East, is his best known work he also wrote songs, tales and plays in prose and verse. An edition of his works was published at Stonehaven in 1819.

Cadenhead, William   1819-1904
Born in Aberdeen, the son of a veneer-sawyer, he had very little education and began work at an early age in a small thread factory. His employer moved to Liverpool and he soon followed to become overseer in a yarn-spinning factory. When the company failed he returned to Aberdeen and became an overseer at Broadford Mills. He

then became a traveller for a wine and spirit merchant and subsequently married the owner's widow. He wrote songs on topical matters and re-told many local legends in verse, and made numerous contributions to "Poet's Corner" in the *Aberdeen Herald*. His "Flights of Fancy and Lays of Bon-Accord" was published in 1853.

Carnie, William   1824-1908
Born in Aberdeen, he received scanty education and at the age of thirteen was apprenticed to an engraver. He pursued his studies in his spare time and was particularly interested in music and drama and became a member of a church choir. He moved to Banchory where he became precentor, and took up the post of Inspector of Poor. He then became a journalist and continued to pursue his interest in music and drama. In due course he was appointed Clerk and Treasurer of the Aberdeen Royal Infirmary and Royal Asylum. His greatest claim to fame is as a leading authority on Psalm tunes, and he was editor of "The Northern Psalter and Hymn Tune Book." He published a volume of verse "Waifs of Rhyme" in 1887 and an enlarged edition in 1890.

Ewen, John   1741-1821
Born in Montrose of poor parents, he received little in the way of education. He opened a small hardware shop in Aberdeen, married a daughter of a well-to-do manufacturer and on her early death inherited half of her father's property. He became a successful business man with a jeweller's shop in Castlegate. On his death he left a substantial sum to found a charity in Montrose for the maintenance and education of boys. The will was challenged by his daughter, of whose marriage he had disapproved, and declared void, when the case went to the House of Lords. He is credited with the authorship of the song "O weel may the boatie row."

Forbes-Robertson, John   1822-1903
Born in Aberdeen, son of a merchant, he was educated at the Grammar School and Marischal College. He became a journalist and contributed to "Poet's Corner" of the *Aberdeen Herald*. He studied English Literature at University College, London. Most of his life was devoted to art criticism, and he wrote numerous articles and several books on art and artists. His eldest son became Sir Johnston Forbes-Robertson (1853-1937) the great actor.

Forsyth, William   1818-1879
He was born at Turriff and educated at Fordyce Academy and the Universities of Aberdeen and Edinburgh. Giving up medicine he turned to journalism and became sub-editor of the *Inverness Courier* when he was much involved in the preparation of Chambers's "Cyclopedia of English Literature." Subsequently, for thirty years, he was the distinguished editor of the *Aberdeen Journal*, greatly respected for his views on political and church matters. He contributed to *Punch*, the *Cornhill*, and *Blackwood*. He was much involved in charitable works and in educational matters. He took an active part in the volunteer movement, and had a keen interest in military affairs. He wrote "The Martyrdom of Kelavane" (1861) and a volume of verse, "Idylls and Lyrics," published in 1872.

Geddes, Dr. Alexander   1737-1802
Son of a small farmer at Arradoul, Rathven, Banffshire, he attended the village school. Brought up in the Catholic faith, he continued his education at the seminary at Scalan, and pursued his studies in theology, rhetoric and natural philosophy at the Scotch College at Paris and other French colleges including the Sorbonne. He became a priest at Dundee, but was soon invited to Traquair to pursue his plan to prepare a new version of the Bible for Scottish Catholics. He and a young lady there fell in love, but in view of his vows he left. He later took up duty as priest at Auchinhalrig in Banffshire, and though he was popular there, he fell into disfavour with his superiors on account of his liberal attitude towards the Protestants and his highly critical views on some of the Catholic articles of faith, and he was relieved of his post. His outstanding literary ability earned him the degree of LL.D. of Aberdeen University. With the help of friends he continued with his translation of the Bible, but his unorthodox opinions on the scriptures were unacceptable to the Catholic hierarchy. His literary output, on theological and other topics, was enormous. He was thought to have written the song "The Wee Wifukie", but there is grave doubt about this.

Geddes, Sir William Duguid   1828-1900
Born in Glass, son of a farmer, he was educated at Elgin Academy and graduated M.A. at Aberdeen at the age of seventeen. He became schoolmaster at Gamrie, classical master and then rector of Aberdeen Grammar School, and in 1855 professor of Greek at University and King's College, and later at the united Aberdeen University. In 1885 he was elected principal and vice-chancellor of the University. An

LL.D. of Edinburgh and Litt.D. of Dublin, he was knighted in 1892. In addition to his highly successful Greek Grammar and numerous scholarly works, he wrote the Latin song of the University "Gaudeamus," and other poetry in Scots, English, Latin and Greek.

Gordon, Alexander, 4th Duke of   1743-1827

Details of the life of this peer of the realm need not be given here. His first wife was Jean Maxwell, famous among other things for her part in the raising of a battalion of the Gordon Highlanders. They were estranged for many years, and when she died he married Mrs Jane Christie, by whom he had already had a large family. He had Gordon Castle at Bog o' Gight rebuilt. He gave every encouragement to the musical ability of his butler, William Marshall, who was said by Burns to be 'the first composer of strathspeys of the age.' He wrote a comic song "Cauld Kail in Aberdeen." There are several other songs of this name, including one by Lady Nairne. There is more than one meaning to the last line of each stanza of his song!

Grant, David   1823-1886

He was born at the farm of Affrusk, Parish of Banchory Ternan, Kincardineshire. About the time of his birth his father was refused a new lease of the farm because, it was said, the laird disapproved of his political opinions, so he moved to Strachan where he carried on business as a wood sawyer. David was educated at the local school and worked with his father till he was twenty-four when he went to Aberdeen Grammar School for two sessions and then to Aberdeen University, but due to a breakdown in health he did not take a degree. He became a teacher in Stonehaven, then in Elgin, where he also edited the *Elgin Courier,* and later master of the school at Canisbay in Caithness. After brief spells in Aberdeen and Glasgow he became French master at Oundle and after teaching at a private school near Sheffield purchased a school in that city, but it was unsuccessful and he had to give it up. He acted as editor of the *Sheffield Post* for a short time and he then became a private tutor in Edinburgh. In addition to verse, he contributed to the *Aberdeen Free Press* a number of prose articles, including "Extracts from the Chronicles of Keckleton" which created much interest. He published "Metrical Tales" at Sheffield in 1880 and "Lays and Legends of the North" at Edinburgh in 1884. "A Book of Ten Songs" was published after his death. His cousin Joseph Grant (1805-1835) was also a writer of songs and tales.

Halket or Hacket, George   1715-1756

Nothing is known of his early years, but he was born in Aberdeenshire, and became schoolmaster, precentor and session clerk at Rathen in 1714. Proving unsatisfactory he was dismissed, but he obtained another post at Cairnbulg and taught there reasonably successfully for twenty-five years. His virulent anti-Hanoverian ballad "Whirry Whigs Awa'"was written about 1744. Subsequently he moved to Memsie and undertook private tuition, and from there he went to Tyrie. As a result of his Jacobite sympathies and his probable authorship of "A Dialogue between the Devil and George II" the Duke of Cumberland in 1746 offered a reward of £100 for him alive or dead. He was not betrayed. He is credited with having written the tender "Logie o' Buchan," but there is some doubt about this.

Imlah, John   1799-1846

Born in Aberdeen, son of an innkeeper, he was educated at the Grammar School and became a piano tuner with a local musicseller and then with Broadwoods in London. He published two volumes of verse, "May Flowers" in 1827, which included his 'O! Gin I were whare Gadie rowes' and 'The Gathering' and "Poems and Songs" in 1841 which has 'O! Gin I were where Gadie rins,' another version of one of the most popular songs of the North East. He also contributed to the *Edinburgh Literary Journal*. He died of yellow fever in Jamaica while on a visit to a brother.

Mac Donald, Dr. George   1824-1905

The youngest of five sons of George MacDonald, a weaver and a descendant of one of the MacDonalds of Glencoe, and his wife Helen MacKay, he was born on a small farm near Huntly. His parents were Congregationalists. After education at home and at a school in Huntly he won a bursary to King's College, Aberdeen where he worked hard, teaching to supplement his meagre income, and won prizes in chemistry and natural philosophy, graduating M.A. in 1845. He attended theological college in Highbury and though he did not complete the course he was ordained to a congregational chapel in Arundel. His unorthodox views displeased his parishioners and he soon left this post to devote himself to literature and moved to Manchester. His poetry won him recognition and admiration and he turned to prose fiction of two kinds, one of a mystical, fairy-tale genre, and the other dealing mainly with Scottish country life, both classics of their type. His health was not good, but he continued to preach to appreciative audiences. He moved to Hastings and then settled in London. He was on terms of close friendship with all the leading literary figures of the day and was held in the highest regard. In 1868 Aberdeen University conferred on him an honorary LL.D. degree. He lectured on literary themes in London, and went on a lecture tour in America where he was enthusiastically received. In addition to his many novels, and his books for children he published books of essays and sermons. A volume of his poems appeared in 1857 and his Poetical Works in two volumes in 1893, with a new edition in 1911. Changing tastes, and the fact that his Scottish novels employ a great deal of the Aberdeenshire vernacular, not easily followed by most readers, have meant that he is not now widely read, but he has a considerable 'cult' following, particularly in America.

Milne, John   1792-1871
He was born in the parish of Dunnottar, Kincardineshire, son of a sea-faring man. His parents died while he was a child and he was brought up by his grandfather, a blacksmith at Netherley, Fetteresso. He became a herd boy at the age of five and had little schooling. After some time as an hostler with an uncle in Aberdeen he became a shoemaker and set up business in Durris. He married a Glenlivet girl and went to live at Demick where he was much involved in illicit distilling and smuggling. He had been writing verse for some time and became known as "The Poet o' Livet's Glen." He travelled the country on his favourite ass selling his ballads and chanting them at fairs and markets. He held radical views and was a champion of the under-privileged, especially the agricultural workers. He wrote a great deal of verse on many topics and a small volume of his "Songs and Poems" was published in 1871.

Milne, John   (Dates unknown)
Information on his early life has not been obtained, but he may have been born on Deeside or possibly in Forfar. As he travelled the country selling his books he became very well-known. He had an extraordinary fund of general information, particularly about Aberdeenshire and was very knowledgeable about the local dialect. "The Maid o' Norraway and Other Legendary-Historical Poems and Papers, bearing on the early history of Scotland" was published in 1895. His "Poems in the Aberdeenshire Dialect" appeared in 1897 and 1906, and a quite different collection under the same title in 1900. His poems were admired by Charles Kingsley, who commented

that "Your Poems do you infinite credit, they are racy and full of wholesome old Scotch feeling."

Park, Dr. John   1804-1865
Not a native of the North East, he was born at Greenock, but he studied for the ministry at Aberdeen. He was well known as a song writer and composer. His version of "O! Gin I were where Gadie rins" is given, along with the others.

Ross, Alexander   1699-1784
Born on a farm near Kincardine O'Neil, he attended the local school for four years, obtained a bursary at Marischal College and graduated M.A. in 1718. He was tutor to the family of Forbes of Craigievar and then taught in the schools at Aboyne and Laurencekirk. In 1732 he became schoolmaster, precentor, session clerk and notary public at Lochlee, Angus and remained there for the rest of his life. He wrote a great deal of verse for his own amusement, but James Beattie arranged for the publication of "The Fortunate Shepherdess" and a few songs, and himself contributed verses entitled "To Ross of Lochlee", when he wrote to the *Aberdeen Journal* to publicise the volume. Ross attracted the attention of many prominent people and he was described as a good-humoured, social, happy old man, modest and lively. Burns said he would not for anything that "The Fortunate Shepherdess" should be lost. It was later published under the title "Helenore", but the vernacular in which it is written makes it inaccessible to many people. His best known songs are "The Rock and the Wee Pickle Tow" and "Woo'd and Married an' a'," two versions of which have been attributed to him. Much of his work has not been published.

Shirrefs, Andrew   1762-1801?
Eighth child of a family of eleven of a prosperous wright and builder in the Gallowgate of Aberdeen, he contracted, in his early years, an illness which caused him to lose the use of his legs. He was educated at Aberdeen Grammar School and Marischal College from which he graduated in 1783. He learned the trade of book-binding and became a bookseller and stationer. For a time he was one of the editors of a short-lived newspaper called the *Aberdeen Chronicle.* He was soon part proprietor and joint editor of the *Caledonian Magazine* which was highly successful for a time, but then ceased publication. He now became a bookseller and printer in Edinburgh. He wrote a somewhat peculiar play "Jamie and Bess," which was performed in Aberdeen

in 1787. A volume of his poetical works, much of it of little merit, was published in 1790.

Skinner, John   1721-1807
Born at Balfour in the parish of Birse, son of the school-master there and later at Echt, he was taught by his father and at the age of thirteen won a bursary to Marischal College. Having qualified, he taught at Kemnay and then at Monymusk, where he was allowed access to the extensive library of Sir Archibald Grant. He became an Episcopalian, tutored in Shetland and then returned to Meldrum to train for the ministry and became minister of Longside, living in a cottage at Linshart. On account of his Jacobite sympathies he was persecuted and imprisoned for six months for preaching to more than four people, but on his release he continued with his ministry for the rest of his days. To supplement his meagre income he tried farming, but he did not make a success of it. For his own amusement and that of his family and friends he wrote songs, but considered them of no merit. Burns regarded him as one of the foremost of Scottish song-writers and arranged for some of his work to be published. Sir John Skelton wrote that he (Skinner) had been a poet of the people before Burns was born and that now 'puir Robbie' was dead the old man mourned for him as for a brother. In addition to verse he wrote religious and historical works. After his death "Amusements of Leisure hours" and "A Miscellaneous Collection of Fugitive Pieces of Poetry" were published and in 1859 his "Songs and Poems" appeared. Skinner is buried in the Churchyard at Longside. The grave of Jamie Fleeman (1713-1778) is nearby.

Smith, Dr. Walter Chalmers   1824-1908
Native of Aberdeen, son of a builder, he was educated at the Grammar School and Marischal College, graduating M.A. at age seventeen, and then studied at New College, Edinburgh, for the ministry of the Free Church of Scotland. After various other appointments he became minister of the Free Tron Church, Glasgow, and later of the Free High Church, Edinburgh. He received the degrees of D.D. from Glasgow and LL.D. from Aberdeen and Edinburgh. He held rather advanced views for the Free Church of his day, but was highly respected and in 1893 was chosen moderator of the general assembly of that Church. He wrote "Kildrostan," a dramatic poem in five acts, and a great deal of other verse, some of it under various pseudonyms. A complete edition of his works was published in 1902, and a revised edition in 1906.

Still, Peter   1814-1848

Born on a farm in the parish of Longside, he had to work as a herd during the summer and went to school in the winter. He became a day labourer, but his sight failed and for a time he was completely blind. His sight recovered, but his life was dogged by poverty, misfortune and illness. He wrote verse and in 1844 published a small volume "The Cottar's Sunday, and other Poems," which brought him to the attention of some of the Professors of Aberdeen University, whose interest in him helped sales of the book, raising him from abject poverty and enabling him to continue the education of his children. His patrons took him to Edinburgh, where he was lionised, but his health deteriorated and he died at the age of thirty-four.

Taylor, Alexander   1805-18??

Born at Cowie, Fetteresso, educated at Stonehaven, he became a solicitor's clerk in Edinburgh. His vividly expressed, but little known "Lummie," is based on events said to have involved the farmer of Lumgair, south of Dunnottar. He contributed many pieces of verse to the *Aberdeen Herald*. So far as is known no collection of his verse has been published.

Thom, William   1798?-1848

Born in Aberdeen, he was run over, while a child, by a nobleman's carriage, and lamed for life. The nobleman paid his mother, by that time a widow, five shillings in compensation. After education in a dame's school he became a weaver. He earned a reputation as a singer and flute player. He worked in Dundee and Newtyle, but work was scarce and he took to travelling the country playing his flute and selling second-hand books. He then obtained employment as a weaver in Aberdeen and later in Inverurie. When "The Blind Boy's Pranks" appeared in the *Aberdeen Herald* in 1841 he secured the favour of influential persons, and after he published his "Rhymes and Recollections" in 1844 he settled in London where he gained much financial support, including £400 from admirers in America and £300 from friends in India, but this he squandered. He returned to Dundee, poor and ill, and died there. His domestic life was erratic. When he first went to Dundee his wife deserted him. In Newtyle he lived with a girl who bore him four children, but she died. While he was in London he took up with a girl from Inverurie and they had several children.

Watson, Alexander   1744-1831

An Aberdeen tailor, who claimed with pride to have made 'the first pair o' breeks for Lord Byron', achieved a measure of fame for a song "The Kail Brose of Auld Scotland," which he wrote as a counterblast to the frequent performance of "The Roast Beef of Old England" by an English regiment stationed in the town! The popular song "The Wee Wifukie" has been attributed to Dr. Alexander Geddes, but is probably the work of Watson.

Glossary

a'	all	*aneuch*	enough	*barley bree*	whisky
'a	have	*anither*	another	*barley-sick*	drunk
aback	back	*arn*	alder	*bassie*	bowl
abeen	above	*asklent*	askew	*bauk*	beam
ablins	perhaps	*asklent*	across	*baul(d)*	bold
aboon	above	*'at*	that	*bauld*	bald
aboot	about	*atap*	on top	*bauldly*	boldly
abune	above	*a'thegither*		*bawbee*	half-penny
accoont	account		completely	*bawlochin*	bawling
ae	one	*a'thing*	everything	*bawsint*	marked
aff	off	*athort*	across		white on face
afore	before	*atween*	between	*bazil*	drunkard
aft(en)	often	*aucht*	eight	*beastie*	animal
afttimes	often	*auchteen*	eighteen	*beclairtit*	dirtied
agen	again	*aul(d)*	old	*beets*	boots
ahint	behind	*aulfarren*		*beeves*	cattle
aiblins	perhaps		old-fashioned	*befa'*	befall
aifter	after	*aumry*	cupboard	*beff*	blow
aiftergirse		*ava*	in all, at all	*beldame*	hag
	grass in stubble	*awa*	away	*belsh*	belch
aik(en)	oak	*awauk*	awake	*beltin'*	line of trees
ain	own	*aweel*	well	*belyve*	soon
airm	arm	*awls*	gear	*ben*	best room
airn	iron	*ay, aye*	always	*ben*	through
aise	ashes	*aye*	yes	*benmost*	innermost
aith	oath	*ayont*	beyond	*benorth*	north of
aitmeal	oatmeal			*bere*	
aits	oats	*backet*	wooden box		six-row barley
ajee	ajar	*backlins*		*beuk*	book
ake	ache		backwards	*bicker*	beaker
alane	alone	*bade*	stayed	*bicker*	rush off
alang	along	*baignet*	bayonet	*bide*	stay
alicht	alight	*bailie*	magistrate	*bide*	endure
allagrugous		*bairn*	child	*biel'*	shelter
	ghastly	*baith*	both	*bield*	shelter
aloo	allow	*ban(n)*	swear	*big on*	are
amaist	almost	*ban'*	band		conceited about
amo'	among	*ban'*	door hinge	*biggin*	building
amon	among	*bane*	bone	*biggit*	built
an'	and	*bang*	blow	*billie*	fellow
an	if	*bang*	defeat	*binna*	were not
ance	once	*bannock*	pancake	*birk*	fellow
ane	one	*bardoch*	bold	*birk*	birch
aneath	under	*bare*	only	*birks*	birch wood
anent	alongside	*barefit*	barefoot	*birl*	spin, whirl
anent	concerning	*barley-brack*		*birlinn*	
anes	once, one's		game played		rowing-boat
aneth	beneath		in a corn-yard	*birsel'd*	scorched

Glossary

birsy — bristly
bit — but, small
bladdo milk — buttermilk
blaewort — blue
blanter — dish made of oatmeal
blate — stupid
blaw — blow
bleedy — bloody
bleeze — blaze
blin(') — blind
blinterin — short-sighted
boakit — retched
bocht — bought
bode — bid
bodies — people
body — person
bogle — ghost
bonnet — flat cap
bonnie — beautiful
book — bulk
book — vomit
boordit — boarded
bore — hole
borrow — ransom
bosky — shady
bothy — rough hut
boucher — butcher
boun(') — bound
bout — row
bow — 140 lbs.
bowie — barrel
bozie — bosom
bra' — splendid
brack — break
brae — hill
braid — broad
braif — excellent
braiks — changes
brak — break
brak — broke
brander't — grilled
brashy — rushing
bravity — elegance
braw — splendid
brawling — gurgling

brawly — very well
braws — good clothes
brecham — horse collar
bree — brow
bree — liquid
breeks — trousers
breet — brute
breid — oatcakes
breist — breast
brent — burned
brewst — brew
brichen — trousers
briest — breast
brig — bridge
britchin — breeching
brither — brother
brize — force
brocht — brought
brocket — with white streak on face
broo — brow
brose — dish made of oatmeal
broucht — brought
brownie — domestic goblin
bruikit — grimy
brulyie — broil
brunstane — brimstone
brunt — burnt
buckie — sea-shell
buckie — perverse animal or person
buckle — prepare
bude — must
buik — book
buik-learnt — educated
buller — bellow
bumbaz'd — stupefied
bummy — fool
burn(y) — stream
burry thristle — spear thistle
busk — dress

buskin — adornment
buss — bush
but — kitchen
but and ben — two-room cottage
butt — cask
bye — past
by-hand — settled in marriage
by-ordinar' — extraordinary
byous — very

ca' — call, drive
ca'd — called
caddan-nail — large iron pin
cadger — hawker
cairder — carder
cairdin' — carding
cairt — cart
caller — fresh
caller — refreshing
callet — head-dress
cam — came
canass — canvas
canker'd — infected, ill-natured
canna — cannot
canny — careful(ly)
canny — skilled in magic
cantily — briskly
cantrip — antic
canty — cheerful
capernoited — crazy
carl-doddie — ribwort plantain
carl(e) — fellow
carlin(e) — old woman
castock — cabbage stalk
Catechis' — Catechism
cateran — marauder
caul(d) — cold
caul' steer — mixed oatmeal and water

Glossary

caup	bowl
caution	surety
cawdron	cauldron
cawin'	urging
certes	certainly
cess	tax
chaffing	bantering
chafts	jaws
cham'er	room
chancy	risky
change	inn
chanler chaft	lantern jaw
chap	fellow
chap	knock
chap	stroke
chapman	pedlar
chaps	jaws
chaumer	farm workers' room
cheelie	fellow
chessil	cheese-mould or -press
chiel(d)	fellow
chimla'	chimney
chock	choke
chowl	scowl
chowl chanler chaft	grimace
chowlin'	grimacing
clachan	village
claes	clothes
claid	clothed
claikit	besmeared
claise	clothes
claiserope	clothes line
claith	cloth
claithing	clothes
clam	climbed
clapperclaw	seize
clark	clerk
claucht	clutched
claw	beat
claw	scratch
claw	seize
clead	clothe
cleckin'	hatching
cleckit	caught
cleeds	clothes
cleek	hook
clench	compose
clew	ball
clim'	climb
clink	money
clink	rhyme
clink	ring
clippit	cut
clood	cloud
cloot	cloth
clout	blow
clout	cloth
clout	mend
cluckin'	broody
clud	cloud
clung	hungry
clyack	end of harvest
co'	said
coatties	skirts
cock	cap
cock	raise
cocks	fellows
cog	bucket
coggl'd	rocked
cogie	bowl
cogie	drink
coil	tumult
coll	haycock
collie	sheepdog
collops	meat
come again	kiss after a dance
confoon	confound
connach	spoil
convene	suitable circumstances
coo	cow
coof	fool, lout
coord'y	cowardly
coorse	coarse
coorse	course
coost	cast
corby	crow, rook
cork	boss
corpus	body
correck	correct
corse	corpse
cottar	cottager
couldna	could not
countra	country
coup	overturn
couple	rafter
cour	fold
cour	cower
courtin'	courting
couthie	cosy
couthilie	kindly
cow(e)	subdue
crabbit	awkward
crabbit	ill-natured
crack	talk
crack	crack-brained
crackelt	crackled
craig	crag
craig	neck, throat
craiter	creature
cramp	shaky
cranreuch	hoar-frost
crap	crop, crept
crave	demand
craw	crow
creel	basket
creepie	low stool
crockinition	smithereens
cronies	comrades
crood	crowd
croodlin' doo	wood pigeon (endearment)
crook	twist
crookit	twisted
croon	crown
croon	sing quietly
croud	crowd
croun	crown
crouse	confident
crowdy	mixed food
cruik	pot-hook
crummock	staff with a crook

Glossary

crumpin'	daffing	*derf*	rough	*drapt*	dropped
cud	could	*devil's books*		*drave*	drove
cudna	could not		playing cards	*draw*	beat
cuif	fool, lout	*dicht*	clean up	*draw*	go
cuik	cook	*differ*	difference	*draw*	pull
cuist	threw	*dight*	wipe	*draw*	spin
cunzie	coin	*din*	dun	*drawn*	drawn up
curpin	crupper	*ding*	beat, drive,	*dread*	suspect
curn	quantity		knock	*dree*	fate
cust	cast	*dinna*	do not	*dree*	suffer
cuttie	horn spoon	*dird*	blow	*dreep*	drip
cutty	short, low	*dirl*	tingle, rattle	*dreesome*	doleful
		distan	distinguish	*drift*	snowdrift
daffing	having fun	*disty*	dusty	*dringing*	droning
daft	silly, stupid	*divan*	council	*drookit*	drenched
daidelt	battered	*divot*	turf, sod	*droon*	drown
daidlet	battered	*dizzen*	dozen	*drouthie*	thirsty
dairt	dart	*dochter*	daughter	*drouthy*	thirsty
danders	cinders	*dockit*	spanked	*dubs*	mud
dandilly	pampered	*doddie*	child	*duds*	clothes
dang	beat down	*doddy mitten*		*dummie*	
dang	knocked		worsted glove		dumb person
dang	overcome	*doit*	copper coin	*dune*	done
dang out weet		*doited*	bewildered	*dung*	beaten,
	rained heavily	*doited*	senseless		knocked down
darg	work	*dominie*		*dunt*	blow
darge	share		school-master	*duntin'*	throbbing
daur	dare	*doo*	dove	*durstna*	dare not
daurna	dare not	*dool*	sorrow	*duxy*	slow, lazy
daut	pet	*doon*	down	*dwall*	dwell
dautie	darling	*doonfa'*	downfall	*dwallin'*	dwelling
dawdlt	dirtied	*doot*	doubt	*dwam*	swoon
dawtie	darling	*dootfu'*	doubtful	*dwine*	decline
daylicht	daylight	*dorty*	sulky	*dwyne*	pine
dearie	sweetheart	*douce*	pleasant	*dyke*	stone wall
deave	deafen	*douf*	sad	*dyker*	
dee	die, do	*douff*	dull		builder of dykes
deece	wooden seat	*dought*	could	*dyster*	dyer
deemie	girl	*douk*	duck		
deen	done	*doun*	down	*ear'*	early
deil	devil	*dover*	doze	*ee*	eye
de'il speed		*dowf(f)*	dull	*e'e*	eye
	devil take	*dowie*	dismal	*eelie*	oil
dell	dig	*dozen'd*	stupid	*eemest*	topmost
delve	dig	*drabby*	dirty	*e'en*	even
dem	dam	*drap*	drop	*eenoo*	now
den	valley	*drappie*		*eery*	scary
denner	dinner		drop (of drink)	*eeseless*	useless

225

Glossary

eest	used	*feck*	most	*forit*	forward
eftsoons	soon after	*feel*	fool	*forjeskit*	exhausted
eident	diligent	*fegs*	faith	*forran*	foreign
eident	persistent	*feight*	struggle	*fou*	how
eithly	easily	*feint*	never a	*fou(')*	full, drunk
eke	also	*fell*	very	*fouk*	people
eldrich	unearthly	*fellt*	killed	*foul fa'*	evil befall
elekit	elected	*fernyear*	last year	*foumart*	polecat,
el'ers	elders	*fesh*	fetch		weasel
emmet	ant	*fest*	fast	*fousome*	fulsome
en'	end	*fettle*	neat	*fouth*	plenty
eneuch	enough	*fey*		*fower*	four
enew	enough		mentally unstable	*fowk*	people
ergh	timid	*ficherin*	fiddling	*frae*	from
ettle	aim, intend	*fidgin' fain*		*fraise*	fuss
ewie	ewe		very eager	*frecky*	active
eyne	eyes	*fie*	shame	*freen*	friend
		Fiersday	Thursday	*freen*	relative
fa	who	*fin*	find	*fret*	adage
fa'	fall	*fin*	when	*fret*	notion
faan	fallen	*firlot*	quarter of	*fricht*	fright
fae	from		a bow (boll)	*frien'*	friend
faem	foam	*fit*	foot	*frumpish*	sulky
faes	foes	*fit the fleer*	dance	*fryne*	grumble
failin'	failing	*flaff*	flutter	*fu'*	full, drunk
fain	eager(ly)	*flang*	flung	*fu'*	how
faist	fast	*flang*	thrash about	*fu'*	very
fan	when	*flat*	scolded	*fule*	fool(ish)
fan(d)	found	*flaw*	flew	*furl*	whirl
fanever	whenever	*fleat*	scolded	*furth*	outside
fangs	booty	*fleech*	flatter	*fushion*	strength
far	where	*fleer*	floor	*fusky*	whisky
farin'	food, fare	*fleet*	fast	*fusle*	whistle
farrer	further	*fleg*	fright(en)	*fyles*	sometimes
fash	bother	*fley'd*	frightened	*fyou*	few
fat	what	*fley't*	frightened	*fyte*	white
fat wye	how, why	*fling*	dance		
fauld	fold	*flittin'*	removing	*gab*	mouth
faulded	closed	*flunkey*	lackey	*gabby*	fluent
faur	where	*flyte*	scold	*gae*	gave, go
faur'd	fashioned	*foo*	how	*gaed*	went
faure'er	wherever	*forbye*	besides	*gaen will*	
fauron	whereupon	*fore (the)*	alive		gone astray
fauters	offenders	*forebriest*	front	*gaet*	way
fawn	fallen	*forfochen*		*gaffa*	guffaw
feam	froth		exhausted	*gagger*	protruding
featly	cleverly	*forgather*	meet	*gaird*	guard
fecht	fight	*forgie*	forgive	*gait*	way

Glossary

galore	in plenty	*goon*	gown	*haff*	half
gamashes	leggings	*gouk*	fool	*hail*	whole
gamut	range	*goun*	gown	*haimert*	beaten
gane	gone	*gousty*	ghastly	*haimert*	home made
gang	go	*gowd*	gold	*haimert*	homely
gangrel	wandering	*gowd-spink*		*haims*	fitment for
gantry			goldfinch		horse collar
	bottle stand	*gowk*	fool	*hain*	save
gar	cause, make	*gowkit*	stupid	*hairm*	harm
gardies	fists	*gowpen*	handful	*hairst*	harvest
garret	attic	*gowsty*	dreary	*hairt*	heart
gat	got, became	*graip*	fork	*hairty*	hearty
gaucy	fresh	*grane*	groan	*hairvest*	harvest
gaun	going	*grapple*	grope	*hale*	whole
gausty	ghostly	*grat*	wept	*halflins*	half
gavel	gable	*gree*	first place	*hallan*	cottage
genty	neat	*greet*	weep	*haly*	holy
gether	gather	*grilse*		*hame*	home
gethert	well-to-do		young salmon	*hamely*	homely
getna	do not get	*grinnin'*	grinding	*hamewith*	
gey	rather	*grippy*	mean		homewards
ghaist	ghost	*grugous*	grim	*hammert*	hammered
gie, gi'e	give	*gryte*	great	*han(')*	hand
gif	if	*gudewife*	wife	*han'le*	handle
gin, gien	if	*gudgeon*	one easily	*hantle*	quantity
gird	loop		imposed on	*hap*	cover
girn	grumble	*gueed*	good	*hap*	surround
girnel	meal chest	*guid*	good	*hap (by)*	by chance
girse	grass	*Guid*	God	*happit*	covered
girss	grass	*guidman*	master	*happit*	hopped
gizzard	throat	*guidwife*	mistress	*harl*	drag
gizzen	parch	*gullie*	knife	*harn*	coarse cloth
glack	hollow	*gweed*	good	*harns*	heights
glaid	glad	*Gweed*	God	*hash*	mess
glamour	magic	*gweeshtins*		*hash*	pieces
glamp	grope		goodness	*haud*	hold
glaumpin'	groping	*gyang*	go	*haugh*	
glaur	mud, slime	*gyangrel*	toddler		land by a river
gled	glad, hawk	*gyaun*	going	*havins*	good sense
gleg	keen, alert	*gyte*	mad	*havins*	nonsense
gleyt	squinting			*hearse*	hoarse
glint	flash	*ha*	have	*hed*	had
gloamin	twilight	*habble*	tumult	*hedna*	had not
gloom	dark	*hackit*	chapped	*heelies*	heels
glorifee	glorify	*haddin'*	house	*heezin*	obese
glower	scowl	*hadna*	had not	*heft*	handle
gnarell'd	gnarled	*hae*	have	*heich*	high
gollar	shout	*haena*	have not	*heicht*	height

227

Glossary

heid	head	improveese		kinch (oxter)	
herrie	rob		arrange		armpit
herri(e)t	robbed	indwaller	resident	kirk	church
hert	heart	ingle	fire	kirkyaird	
hesp	skein	ingle(-cheek)			churchyard
het	hot		fireside	kirn	churn
heugh	river bank	ingle-lowe		kist	chest
hev	have		flame of fire	kist	kissed
hid	had	inter	enter	kit	small tub
hie	hasten	intil	in, into	kittle	tricky
hinmost	last	I'se	I'll	kittle	unsettled
hinna	have not	isna	is not	kittlin	kitten
hinner en'	death	ither	other	klype	monster
hint	behind			knievlock	lump
hirple	hobble	jabbert	gabbled	knit up	fasten
hirsel'd	crowded	jad	jade	knoitit	knocked
hirsled	shifted	jaud	old mare	know(e)	knoll
hiz	has	jaw	wave	kurtch	kerchief
hizzie	wench	jecket	jacket	kye	cows
hoast	cough	jilp	splash	kyloe	breed of
hoo	how	jink	caper		small cattle
hoodie craw		jinkin'	dodging	kythe	appear
	hooded crow	jirk	jerk		
hooly	careful	jockey coat		laddie	fellow
hoor	hour		greatcoat	lade	load
hoose	house	jocosy	jovial	laft	loft
hotch	bounce	joe	sweetheart	laigh	low
hough	leg, thigh	jook	crouch	lair	learning
houk	dig	jouk	duck	lair	place to lie
how	shout			lair	sink
how(e)	hollow	kail	curly cole	lairack	larch
howdie	midwife	kail	soup	lairge	large
howff	lodge	kail-yard	garden	lake	disgrace
howlet	owl	kaim	comb	lam'	lamb
huik	hook	kame	comb	lammie	lamb
hummel	lopped off	kebar	beam	lan'	land
hunder	hundred	kebbuck	cheese	lane	self
hunker doun	submit	keepit	kept	lane(ly)	lonely
hunner	hundred	keil	ruddle	lanes	selves
hurdies	hips	kelpie water demon		lang	long
hure	whore	in form of a horse		langer	longer
hurl	drive	ken	know	langin'	longing
hurl	rumble	kendna	knew not	langsyne	long ago
hypothec	business	kenna	don't know	lank	thin
		kent	knew	lan't	arrived
i'	in	kent	known	lap	leapt
ilk	each	kiltit	tucked	lappert	congealed
ilka	each, every	kin'	kind	la'rock	skylark

Glossary

lat	let	*loan*	lane	*maukin*	hare
lauch	laugh	*lodomy*	laudanum	*maun*	must
lauchter	laughter	*lo'e*	love	*mauna*	must not
lave	others	*lo'esome*	dear	*maunna*	must not
lave	scoop	*loof*	palm	*maut(y)*	malt(y)
laverock	skylark	*loon(ie)*	lad	*mavis*	thrush
lawin'	reckoning	*loot*	let	*may*	maid
lawn	land	*looves*	palms	*mealer*	quantity of
lawwer	lawyer	*losh*	Lord!		grain for milling
lea'e	leave	*loun*	boy	*mealock*	small piece
leal	loyal(ly)	*lounder*	beat	*meen*	moon
leam	gleam	*loup*	leap, jump	*meer*	trestle
lean	slope	*lourin'*	threatening	*meet*	suitable
lear	learning	*louted*	sat	*meikle*	much
lee	lie	*loutit*	bowed	*mene*	lament
leed	language	*low(e)*	flame	*mense*	sense
leed	theme	*lown*	soft	*menseless*	stupid
leem	loom	*lowse*	loosen	*mergh*	strength
leerup	whack	*lowse*	stop work	*merghless*	
leeshin'	rushing	*lozen*	glass pane		marrowless
leesome	pleasant	*lug*	ear	*mess John*	minister
leesome	well	*luikin*	looking	*michanter*	hurt,
leet	let	*luikit*	looked		mishap
len'	lend	*lum*	chimney	*micht*	might
leugh	laughed	*lyart*	grey	*michtna*	might not
leuk	look			*midden*	dunghill
licht(ly)	light(ly)	*mabbie*	mob-cap	*millert*	miller
lichtlied	scorned	*mae*	more	*mim*	prudish
lichtsome	cheery	*maik*	halfpenny	*min'*	mind
lick	blow	*main*	moan	*min'*	remember
lick	small amount	*mair*	more	*mind*	remember
licker	drink	*mairge*	margin	*mind't*	reminded
liefu' lane	alone	*mairry*	marry	*minnie*	mother
lift	sky	*maist*	almost	*min't*	aspire
lifts	amounts	*maist(ly)*	most(ly)	*mirk*	dark
lilt	sing	*maitter*	matter	*miscarry*	
limmer	wretch	*mak(')*	make		fail to obtain
lingan		*malison*	curse	*mishanter*	mishap,
	waxed thread	*mane*	moan		misfortune
linn	ravine	*mang*	go frantic	*mist*	missed
list	hear	*'mang*	among	*mither*	mother
lit	dye	*manna*	must not	*moggan*	stocking
litheless		*mannie*	man	*mony*	many
	comfortless	*marrow*	equal	*mools*	earth
lithely	snugly	*marrow*	match	*morn*	morning
littit	dyed	*maught*	strength	*morn*	tomorrow
little'n	child	*maughtless*		*mou(')*	mouth
littlin	child		powerless	*moudiewort*	mole

229

Glossary

moulder turn to dust
mow store
mowband speak
moyen attempt
muckle much
muir moor
mummelt mumbled
mump twitch the lips
murlain basket

na no, not
nabbit caught
nae no, not
naebody nobody
naething nothing
naig horse
nain own
nane none
nappy strong
nar narrow
natur nature
neebour neighbour
needna need not
neep turnip
neeper neighbour
neiper neighbour
neist next
neive fist
'nent regarding
neth beneath
neuk corner
newfangle fond of novelty
nicht night
nick cut
Nick the devil
nickem scamp
nicker neigh
nidder vex
nieve fist
nim'le nimble
niz nose
no not
noo now
nor than
norlan' northern
noth' nothing

nowt(e) cattle
nowther neither

o' of, on
ochon! alas!
ocht anything
ony any
oo' wool
ooncommon unusual
oor our
oot out
ooter outside
ootpoor downpour
ootran outran
ootset departure
orra man odd job man
o's of us, of his
ouk week
oursells ourselves
outower upon
ower too, over
owercome refrain
owre too, over
owre-lap flowed over
owsen oxen
oxter (kinch) armpit

paik blow
paik thrash
pairis' parish
pairt part
pairtner partner
pairty party
paley weak
palin' fence
pallet head
parchment skin
parchment document
pard leopard
pauky merry
pearlins lace trim
pechin' panting
peel pool

peel scrape
peer poor
peewit lapwing
pettle plough-staff
philabeg kilt
pibroch pipe music
pig jar, pitcher
pint point
piobrach pipe music
pirn bobbin
pit put
pith strength
pithless without energy
pithy robust
plack coin
plaiden wool cloth
plaister plaster
plash splash
playgrun playground
pleuch plough
pleugh plough
plew plough
plook pimple
ploy piece of fun
poetaster petty poet
poo pull
poopit pulpit
porpus porpoise
positive determined
pot pool
pottage porridge
pou pull
pouch pocket
pouther powder
pow head
pran beat
precentor one who leads singing
pree taste
prentit printed
press cupboard
prie taste
prood proud
protty fine
pu' pull

Glossary

puckle	lot	*riggin'*	roof	*sattl'd*	agreed
puir	poor	*rigwoodie*	wild	*sattlt up*	secured
		rin	run	*saugh*	willow
quean	girl	*ristin-clod*		*saul*	soul
quey	heifer		peat covered	*saut*	salt
quintra	country		in ash to damp fire	*sax*	six
quo(')	said		down for the night	*scalin'*	scattering
		rive	pull, tear	*scance*	exaggerate
rade	rode	*rochet*	surplice	*scaud*	scald
rael	really	*rock*	distaff	*schule*	school
raff	plenty	*rogie*	scamp	*sclaiter*	slater
raggit	ragged	*roon*	round	*scoil*	yell
rair	roar	*roose*	praise	*sconce*	head
raird	cracked	*roove*	broke	*scoor*	scour
raise	rose	*rosit*	resin	*scour*	speed
raith	three months	*rottan*	rat	*scouth*	scope
rant	romp	*roun'*	round	*scowder*	scorch
rantle tree		*roup*	sale	*scraich*	screech
	bar for hanging	*roupe*	hoarseness	*scrammle*	scramble
	pots over fire	*roust*	inflame	*screigh*	screech
rape	straw rope	*roust*	shout, roar	*scrimp*	scarce
rase	rose	*routh*	plenty	*scronnoch*	shriek
rashen	rush	*rove*	tore	*scuff*	skim
rashie	abounding	*row(e)*	roll	*sculder*	ruin
	in rushes	*royet*	wild	*scum*	skim
rax	reach	*rozet*	resin	*seck*	sack
reamin'	frothing	*ruck*	stack	*seek*	
redd	clear	*ruction*			ask (in marriage)
rede	warn		disturbance	*seelent*	silent
reef	roof	*rug*	pull	*seenil*	seldom
reefu'	frenzied	*ruise*	praise	*seer(ly)*	sure(ly)
reek	smoke	*rumgumption*		*sellt*	sold
reel	bobbin		understanding	*sermoneese*	lecture
reel	dance	*rummel*	rumble	*sessioned*	
reel	stagger	*rung*	cudgel		summoned
reerie	uproar	*rung'd*	whacked	*shak*	shake
reest	roost	*rutherair*	uproar	*shak a fa'*	wrestling
reet	root	*rype*	search	*shak a fit*	dance
regaird	regard			*shalt*	pony
reistit	smoked	*sae*	so	*shamp aff*	clear out
reivin	thieving	*safe*	save	*shank*	leg
remeid	remedy	*saft*	soft	*shank*	stocking
renoon	renown	*sair*	serve	*shard*	weakling
richt	right	*sair*	sore	*sharger*	weakling
ricket	thrown	*sall*	shall	*sharrie*	fight
riesle	smack	*sang*	song, sang	*shaw*	show
rift	belch	*sanna*	shall not	*shaw*	small wood
rig	portion of land	*sark*	shirt	*shawltie*	pony

231

Glossary

shieling	rough hut	*smoor'd*	suffocated	*speir*	ask
shoon	shoes	*sna*	snow	*spew*	vomit
shoud	sway	*snaker*		*spier*	ask
sic	such		bowl of punch	*spill*	spoil
siccan	such	*snappert*	stumbled	*spindle-shanks*	
sicht	sight	*snawy*	snowy		long thin legs
sicker	secure	*sneck*	latch	*spleet*	brand
sidelins	sideways	*sned*	shaft	*spleuchan*	pouch
siller	money	*sneishin*	snuff	*sploar*	commotion
siller	silver	*snell*	sharp	*splore*	spree
simmer	summer	*snichert*	sniggered	*spoot*	spout, pipe
sin(')	since	*snipie-nebbit*		*spring*	dance tune
sinder	sunder		sharp-nosed	*spue*	vomit
sinen	sinew	*snod*	tidy	*spunge*	swab
sin-syne	since	*snool*	coward	*spunkie*	
skaith	damage	*snout*	nose, peak		will-o'-the-wisp
skaithless		*socht*	sought	*squallochin*	
	without injury	*sodger*	soldier		screaming
skeel	skill	*soger*	soldier	*sta'*	stall
skeely wife		*sole (window)*	sill	*sta'*	stole
	midwife	*soo*	sow	*stack*	stuck
skellin'	scattering	*soo*	oblong stack	*staffy-nevel*	
skelp	splash	*soom*	flood		fight with staves
skelp	scamper	*soomin'*	swimming	*stan'*	stand
skelp	strike, thrash	*soon(d)*	sound	*stan'*	situation
skep	beehive	*soople*	supple	*stane*	stone
skirl	scream	*sooth*	in truth	*stanners*	shingle
skirr	scurry	*sorra*	sorrow	*stap*	stop
sklentit	slanted	*sorra tak*	devil take	*stappin'*	stepping
skreed	screed	*soud*	lot	*stark*	strong
skriek o' day		*soudert*	agreed	*starn(ie)*	star
	daybreak	*sough*	murmur	*staw*	stole
skull	basket	*sough*	blow, gasp	*steed*	stood
skunner	disgust	*soun'*	sound	*steek*	close
skweel	school	*souter*	cobbler	*steel*	stool
slaver	saliva	*sowens*	gruel made	*steer*	stir
sled	sledge		from oat grits	*steer*	muddle
sleekit	smooth	*spaik*	limb	*stert*	start
sleely	slyly	*spak(')*	spoke	*stevin*	voice
slouch	droop	*spank*	spark	*stilp*	stride
sma'	small	*spate*		*stilt*	handle
smack	kiss		drinking bout	*stirk(ie)*	bullock
smairt	smart	*spate*	flood	*stoit*	stagger
smatchet	chit	*spaviet*	spavined	*stoodent*	student
smeerless	spiritless	*spean*	wean	*stook*	shock
smergh	energy	*speel*	climb	*stot*	bounce
smervy	tasty	*speer*	ask	*stoun*	throb
smiddy	smithy	*speerit*	spirit	*stoup*	tankard

Glossary

stour	blizzard	*tae*	to	*thro'*	through
stour'd	rose in a	*taen*	taken	*throw*	through
	cloud	*ta'en*	taken	*thrummy*	frayed
stowing	feeding	*tait*	tuft	*thum'*	thumb
stown	stolen	*tak*	take	*thunner*	thunder
strae	straw	*tak tent*	take heed	*ticht*	tight
straik	stroke	*tald*	told	*tig*	meddle
strait	stretch	*tane*	one	*til(l)*	to
strak	struck	*tane*	taken	*till't*	to it
stramash	uproar	*tap*	top	*timmer*	tree
stramulyert		*tarry*	trouble	*timmer*	wooden
	confounded	*tatie*	potato	*timmer up*	
strapper	fellow	*tauld*	told		move vigorously
strappin'	well built	*taunty*	upset	*tine*	lose
straucht	straight	*ted*	thing	*tint*	lost
streek	stretch	*teem*	empty	*tipple*	on the tips
streek	strike	*teethless*	toothless	*tipt*	danced
strideleg	astride	*tent*	care	*tipt*	tipped
strive	fall out	*tent*	lost	*tirl*	strip off
studdy	anvil	*tentit*	tended	*tither*	other
stude	stood	*teuchit*	lapwing	*tocher*	dowry
sud	should	*thack*	thatch	*tod*	fox
sudna	should not	*thackit*	thatched	*tooly*	turmoil
sumph		*thae*	those	*toom*	empty
	surly person	*thairm*	catgut	*toon*	town
sune	soon	*than*	then	*toon*	farm
swab	fellow	*the day*	today	*toun*	dwelling
swack	active	*theekit*	thatched	*toun*	town
swacken	loosen	*the fore*	alive	*toutit*	trumpeted
swall	swell	*thegither*	together	*tow*	rope
sware	swore	*ther'out*	outside	*towzie*	untidy
swarf	swoon	*thestreen*	last night	*trachle*	drudgery
swarth	black	*think lang*	long (for)	*traivel*	walk
swat	sweated	*thivel*	stick	*tram*	shaft
sweaten	sweated	*tho'*	though	*trig*	neat
sweel	wash	*thocht*	thought	*troch*	trough
sweer	reluctant	*thole*	endure	*trock*	exchange
sweeties	sweets	*thoucht*	thought	*troot*	trout
sweir	loath	*thra'*	wring	*troth*	in truth
swiggit	drank	*thrang*	numerous	*tryst*	
swith	swift	*thrapple*	throat		arranged meeting
swither	dither	*thratch*	writhe	*tulyie*	turmoil
swythe	quickly	*thraw*	twist	*tulzie*	struggle
syne	then, since	*thrawn*	twisted	*tummlin*	tumbling
		threap	insist	*tup*	ram
't	that	*threep*	insist	*turner*	coin
tack	farm	*threush*	thrashed	*tutter*	totter
tackie	croft	*thristle*	thistle	*twa*	two

Glossary

twal(l)	twelve	waesome	woeful	wee	small, little
twalt	twelfth	waesucks	alas	weel	well
twa-three	a few	waesum	woeful	ween	believe
'twis	it was	wae worth	curse	weesh	call to
'twud	it would	wag	wave		horse to turn right
tyc'd	wandered	waggish	droll	weesh	washed
tyke	dog	wale	choice	weet(y)	wet
tyne	lose	wale	choose	weird	fate
		walie	splendid	weird	prophecy
ugertfu'	disgusting	wame	stomach	weirden	sinister
unca	rather	wan	bear	weirdless	
uncanny	malignant	wan	won		thriftless
unchancy		wan'	fishing rod	welkin	sky
	ill-omened	wanliesum	ugly	werena	were not
unco	extraordinary	want	do without	we's	we shall
unco	rather	want	lack	weyds	weeds
unco	special	war	were	wha	who
undevalin		war'd	spent	wham	which
	unceasing	wardle	world	wham	whom
unhaly	unholy	ware	waste	whan	when
unkent	unknown	wark	fuss	whang	slice
unspean'd		wark	work	whar	where
	not weaned	warl(d)	world	whare	where
unweel	ill	warren	warrant	whase	whose
		warst	worst	whate'er	whatever
vagrant	wandering	warstle	struggle	whaup	curlew
vaig	scoundrel	wary	cunning	whaur	where
vaunty	vain	wasna	was not	whay	whey
ventur'	venture	wast	west	wheelie	
vera	very	wat	know		spinning wheel
verra	very	wat	wet	whiles	sometimes
vir	strength	waucht	draught	whilk	which
vivres	food	waught	draught	whimsies	whims
vogie	merry	wauken	waken	whinge	whimper
vousty	proudly	waukit	felted	whinner	whizz
vow	alas	waukrif(f)e		whinnie	abounding
vricht	carpenter		wakeful		in whins
		waur	outdo	whist	hush
wa'	away	waur	worse	whittle	knife
wa'	wall	wazie	keen	whup	blow
wad	would	wearie	wretched	wi'	with
wad	wager	weary	dreary	wid	would
waddin'	wedding	weary	woeful	wifie	wife
wadna	would not	weary fa'	damn	wifie	woman
wae	woe	weason	throat	wifukie	woman
waefu'	woeful	weavin'	knitting	wight	person
waesome		wecht	weight	wight	valiant
	causing trouble	wechty	weighty	wildert	bewildered

Glossary

wile	beguile	*wud*	would
will	astray	*wudder*	angrier
will	forlorn	*wudna*	would not
willawins	alas	*wull*	will
wilyart	dull	*wunner*	wonder
win	earn	*wuss*	wish
win	get	*wye*	way
win	winnow	*wye (fat)*	how
win'	wind	*wyever*	weaver
wincy	wool and	*wyle*	lead
linen/cotton cloth		*wyle*	choose
windle-strae		*wylin*	deceitful
stalk of grass		*wyte*	wait
winin'	winding		
winna	will not	*yade*	horse
winsome	charming	*yaird*	garden
wirrieknow		*yairdin*	garden
hobgoblin		*yaldrin*	
wis	was	yellow-hammer	
wis'	wish	*yallow troot*	
wisna	was not	smelt of sea-trout	
wisp	bundle	*yammer*	yell
wist	knew	*yamour*	cry out
wist	wished	*yarkit*	pounded
wite	fault	*yarr*	snarl
wiz	was	*yaud*	horse
wizent	wizened	*ye*	you
wizna	was not	*yea*	yes
wizzen	throat	*yeed*	went
wizzent	wizened	*yelta*	yea wilt thou
wob	web	*yer*	your
wont	used to	*ye's(e)*	you will
woo(')	wool	*yill*	ale
wordy	worthy	*yird*	earth
worset	worsted	*yirr*	snarl
wot	think	*yokit*	joined
wouldna	would not	*yokit*	started
wow	indeed!	*yon*	that
wow	oh!	*yon*	those
wowf	crazy	*'yont*	beyond
wrack	wreckage	*youl*	scream
wraith	wrath	*yowden drift*	
wrang	wrong	drifting snow	
wrang	wrung		
wrat	wrote		
wreath	drift		
wrocht	worked		
wud	mad		

235

aboon	above	
aith	oath	
alang	along	
an	if	
athort	across	
ba'	ball	
bang	flow, beat	
bann	swear (at)	
barken	encrust	
bawk-height	high as the rafters	
bawmen	players	
beft	knocked	
begeck	trick	
belyve	soon	
bend	leap	
bensome	quarrelsome	
bicker	fight	
bierly	burly	
binner	rush	
birr	buzz	
blade	fellow	
blae	blue	
blaize	blow	
blate	stupid	
bleed	blood	
bludder	disfigure	
bock	vomit	
bra'	splendid	
brain	enraged	
brattlin	rushing	
browden	be intent on	
bumbee	bumble bee	
bum-lether	buttocks	
byde	surpass	
byke	bees' nest	
cair	rough handling	
camshack	unlucky	
cauld	cold	
caum	calm	
chafts	jaws	
chandler chaft	lantern jaw	
chap	knock	
claise	clothes	
claithing	clothing	
clammy-houit	hard blow	
clank	hard blow	
clark	clerk	
claw	scratch	
co'	said	
countra	country	
coup	overturn	
cry clap	fall	
cuist	cast	
curst	damned	
curst-like	damnable	
dang	beat down	
dang	knocked	
dang	overcame	
dawing	dawn	
dawrd	knock	
derf	bold, rough	
derfly	roughly	
dight	wipe	
dominie	schoolmaster	
doss'd	flopped	
dree	suffering	
drochlin	feeble	
dyke	stone wall	
eemest	topmost	
einds	breath	
fail	turf	
fail'd	worn out	
fain	pleased	
fallow	fellow	
fant	faint	
fawt	fault	
fethir	flew	
fit	foot	
flain	arrow	
fleep	lout	
flirr	gnash	
forestam	forehead	
forrat	forward	
fou	how	
foul faw	evil befall	
fraise	boast	
fricksome	fantastic	
fudder	sudden rush	
fuilzie	overcome	
fy	yes	
fyke	twitch	
gadder	gather	
gadyr	gather	
ga'ill	gable	
gar	make	
gardy-bane	forearm	
gart	made	
gawsie	handsome	
geld	castrate	
gilpy	youth	
girded	girt	
glawr'd	made muddy	
gley'd	squint-eyed	
glyde	slope	
gowff	blow	
gowff'd	struck	
grain	groan	
graith	garb	
green	yearn	
greet	weep	
gruff	prostrate	
grunsie	sturdy fellow	
gryte	great	
guidman	master, husbandman	
gullie	knife	
gurk	well-built person	
gyte	fool	
ha	have	
haffat	lock of hair	
hail'd	scored a goal	
harnpan	skull	
hawf	half	
hecht	called	
heels-o'er-goudie	head over heels	
heez'd	lifted	
heigh	high	
hempy	unruly	
hinch	haunch	
hird	herd	
hoilie	slow	

Glossary
44 The Monymusk Christmas Ba'ing

hurry-burry		*puttin-stane*		*stoit*	stagger
	tumult		putting stone	*strenzied*	strained
ilk	each	*rair*	roar	*sutor*	cobbler
inn	dwelling	*raise*	start	*swank(ie)*	
insett	substitute	*rammage*	wild		young man
ither	other	*rap*	knock	*swidder*	swither
jee	move	*raught*	reached	*swype*	swipe
jinch	spruce	*rave*	broke	*syke*	marsh
kenzie	lout	*rax*	deal a blow	*syne*	then
kep	catch	*rax*	wrench	*sype*	drip
knablick stane		*red*	combed	*tane*	one
	boulder	*red wud*	mad	*tann*	beat
knack	crack	*rierfu'*	frantic	*thegither*	together
knell'd	beat	*rift*	belch	*thrang*	throng
lammie	lamb	*riggin*	roof	*tirr*	strip off
lap	leapt	*rout*	roar	*tither*	other
lave	others	*rudely*	roughly	*tod-lowrie*	fox
lawing	reckoning	*sang*	state	*trypall*	
leit	let, gave	*sark*	shirt		tall thin person
lick	kick	*sauchin*	sullen	*tuilzie*	struggle
loll	lazy person	*sawt*	salt	*tyne*	lose
loundrin	vicious	*scaw't*	scabby	*vauntit*	boasted
maen'd	nursed	*scoup*	dash	*virr*	strength
maist	(al)most	*shou'der*	shoulder	*wa'*	wall, way
mank	fail	*shudder*	shove	*wap*	thump
mawten'd	lazy	*sinsyne*	since	*ware*	were
mell	encounter	*skaith*	hurt	*wark*	work
menseless	stupid	*skate*	wretch	*warst*	worst
mess John	minister	*skib*	whack	*weel-fawr'd*	
millart	miller	*skypel*	worthless		well-favoured
millie	snuff-box	*slee*	clever	*weel-wyl'd*	
mird	dare	*slivery*	drivelling		well chosen
mist	missed	*slype*	lout	*ween*	think
mou	mouth	*snack*	sharp	*wham*	a blow
na	no, not	*snell*	eagerly	*whan*	when
nain	own	*snib*	rebuke	*whiles*	sometimes
niest	next	*snishin*	snuff	*whittle*	knife
niz	nose	*snype*	smart blow	*winch*	wince
o'ergang	go	*sowff*	stroke	*wist*	knew
ondune	undone	*spawl*	limb	*wud*	mad
ouk	week	*spel*	game	*yap*	eager
penner	pen-case	*staffy nevel job*		*yark*	blow
pensy	sensible		fight with staves	*yawfu'*	awful
phiz	face	*stane*	stone	*yird*	ground
plack	coin	*stark*	strong	*yirdlins*	
prann	bruise	*stend*	leap		on the ground
pree	taste	*stenn'd*	leapt	*yowff'd*	drove
primpit	prim	*sting*	staff	*yowll*	yell

237

Glossary

46 Baronne o' Gairtly

abrod	away	*gauntin'*	gaping, yawning	*ryden*	ridden
abut	about			*ryne*	rein
atweesh	between	*glamorie*	magic	*ryve*	tear
bat	but	*gleed*	light	*saulygs*	soul
baul	bold	*glowr*	glower	*seet*	soot
begyle	beguile	*gran*	ground	*seethin*	boiling
bellyborn blin		*gref*	grave	*shado*	shadow
	brownie	*gyr carlin*	witch	*shal*	shall
biggit	built	*hard*	heard	*shem*	shame
blu	blew	*haul*	hold	*shoggin*	shaking
bluid	blood	*hie*	high	*sicht*	sight
blynkin	blinking	*houn'*	hound	*skreem'd*	screamed
bood	bellowed	*howk*	dig up	*slaiky*	slobbering
bouir	bower	*howlet*	owl	*slak'd*	slacked
bran	sword	*jeed*	opened	*smeuk*	smoke
brig	bridge	*jurney*	journey	*smorin*	smothering
bru	brow	*keip*	keep	*spack*	spoke
brydle	bridle	*kenn*	know	*spaul*	shoulder
byde	live	*kneep*	keep going	*sprede*	spread
cantrip	spell	*kythed*	appeared	*steid*	steed
caul	cold	*leeve*	permission	*stour*	strife
cees	cease	*leman*	lover	*straik*	stroke
clacht	clutched	*lik*	like	*stuid*	stood
corse	corpse	*lin'*	ravine	*stut*	strong
cru	crowed	*lud*	loud	*styl*	still
dauntin	daunt	*lyes*	lies	*sum*	some
deed	dead	*lyke*	like(ly)	*sylence*	silence
deidly	deadly	*mayle*	mail	*the*	thee
descryve	describe	*meer*	moor	*thre*	three
docht	dare	*mot*	moat	*thro'*	throw
dru	drew	*munth*	month	*thu*	thou
du	dew	*nichtly*	nightly	*touir*	tower
durst	dare	*onie*	any	*trie*	tree
elback	elbow	*owr*	over	*trow*	believe
eyrie	eerie	*pour*	power	*tyne*	lose
faimin'	foaming	*quha*	who	*unhaly*	unholy
faul	fold	*quhain*	when	*unkirsn'd*	
fausse	false	*quhair*	where		unbaptised
feer'd	ford	*quhase*	whose	*untimous*	untimely
feest	feast	*quhat*	what	*unyirdly*	unearthly
fesh	fetch	*quhile*	while	*visart*	mask
fether	feather	*quhilk*	which	*wan*	dark
fley't	frightened	*quhy*	why	*waukrife*	wakeful
forhuit	deserted	*rank*	violent	*wonn'd*	lived
froun	frown	*rayse*	rose	*wynd*	wind
frun'd	frowned	*rist*	rest	*yett*	gate
fyre flaucht		*roul*	rule	*yirdly*	earthly
	lightning	*rowtin'*	roaring	*yung*	young

Glossary

'a	have	caller	fresh	fleein	flying
adee	to do	caum	mould	foalin'	throwing
af'en	often	'cep	except	foo	how
afore	before	cheelie	fellow	forbye	besides
a-gyaun	going	cheenge	change	forgathered	met
aleen	alone	connacht	ruined	fowk	people
an	if	coorse	rough	freely	fairly
ance	once	coorse	of course	fry	fluster
anent	beside	coup	overturn	fung	throw
aneuch	enough	crap	crept	furth	outside
anoder	another	cudna	could not	fyou	few
ashet	large plate	culf	stop up	gae	go
asseer	assure	daursay	dare say	gait	way
atween	between	dautie	dear	gar	make
aucht	eight	deed	indeed	gat	got
aul'	old	deid thraw		geylies	fairly well
aul' Smith	the devil		death throe	gin	if, by
aw	I	denner	dinner	gloam't	dark
aw wat	indeed	diffeekwalty		gluff	breath
aweel	well		difficulty	grun	ground
aweers	liable to	dinna	do not	gryte	great
ay	yes	dirl't	played	gullie	knife
bane	bone	disjeest	digest	gweed	good
bann	swear	div	do	gya	gave
baul'	bold	dooble	two-faced	gyaun	going
begood	began	doories	pigs, hens	haill	whole
ben-a-hoose		doot	doubt	halesome	
	in the parlour	doot	think		wholesome
bess	beat time	dossie	heap	han't	hand it
billies	friends	eenoo	just now	haud	hold
birst	burst	eese	use	ha'ver	share out
blaewort		eeswal	usual	hearty	cheerful
	blue flower	fan	when	hed	had
bleezin	blazing	fash	bother	hedna	had not
boddom	bottom	fa' tee	fall to	hert	heart
boun's	bounds	fat	what	hin'eren'	end
braid	broad	fat sorra		hinna	have not
brakin' oot	starting		what the devil	hir't	flavoured
breeder	brother	fat wye	how	hoo	how
breet	brute	feckly	capably	hoot (fye)	tut, tut
breid	oatcakes	feel	foolish	hoot awa'	oh dear
briggie	bridge	feerious	very	houp	hope
brocht	brought	feint a flee	nothing	hyne	far
b'wye	by way	fell	slaughter	ilka	each
byous	very	fernyear	last year	ill-mennert	
byowtifu'	beautiful	file	while		ill-mannered
caird	tinker	files	sometimes	I'se	I 'll
cairt	cart	filie	while	ither	other

Glossary

jaud	jade	oxter	armpit	stown	stolen
jeestie	a joke	pirlin	poking	streen (the)	
jellie	jolly	pitten	put		last night
kail	soup	platoon	explosion	sud	should
kin kin'	sorts	pooder	powder	sudna	should not
kitchie	kitchen	protty	good quality	swarve	swerve
kitchie	savour	puckles	numbers	sweir	reluctant
korter	quarter	pun'	pound	syne	then
kyaaks	oatcakes	quate	quiet	't	that
kyeukin	cooking	rantle-tree	bar	tae	one
lave	others		above fireplace	tae	tea
lean	sit	reboon	rebound	taucht	taught
leern't	learned	reerie	uproar	tee	also
limmer	wretch	reestin	roosting	teen	rage
lippet	lipped	refeesin	refusing	than	then
loon	fellow	rigs	fields	thegither	together
loot	let	rive	tear	thooms	thumbs
lowse	loose	roch	rough	throu'	through
lowst	stopped work	saick	sack	timmer	wooden
lucky deddy		saiddlie	saddle	tither	other
	grandfather	sang	well!	traivel	walk
luik	look	scraichin		troo	believe
maetin	feeding		screeching	truncher	plate
mairriet	married	seener	sooner	tyeuk	took
maun	platter	seer	sure	up-throu'	upland
meesic	music	seerly	surely	vera	very
min'	remember	servan'	servant	walloch	dance
min'et	remembered	sets	suits	walthy	well-to-do
mith	might	seyven	seven	wan	direction
mitha	might have	shaltie	pony	wan awa'	departed
mowse	safe	shank	leg	wan to	arrived at
muntit	mounted	sheetin'	shooting	war	were
mutch	kind of cap	Shirra	Sheriff	warst	worst
naar	nearly	siccar	secure	weel-a-wat	indeed
naitral	natural	siclike	such	weet	wet
neep	turnip	sin'ry	separate	wile	choose
neuk	corner	sipper	supper	wisna	was not
nickum	rascal	skirl	shreik	wordle	world
niz	nose	skytit	flew	wud	would
noo	now	snappert	stumbled	wudna	would not
nowt	cattle	soo	sow	wunt	want
nyod	indeed	sort	deal with	wus	was, were
o'	of	souter	cobbler	wusna	was not
'oman	woman	sowff	hum, whistle	wusnin	wasn't
onlee't	without a	speen	spoon	wuss	wish
	word of a lie	spring	tune	wytin	waiting
ou	oh	squallochin		yalla	yellow
ouk	week		screaming	yap	hungry